ADVANTAGES ASSOCIATED WITH
LONG-TERM INVESTMENTS IN US STOCKS

No.1ストラテジストが教える

米国株投資の儲け方と発想法

みずほ証券 エクイティ調査部 チーフ株式ストラテジスト
菊地 正俊
MASATOSHI KIKUCHI

日本実業出版社

◉急転直下の展開で大幅上昇となった2020年の米国株式市場

2020年の米国株式市場はコロナ危機で、予想外の展開になりました。S&P500は2月19日の史上最高値から3月23日の安値まで34％急落し、リーマンショック以降の10年以上にわたる強気相場がいったん終了しましたが、FRB（連邦準備制度）の大規模な金融緩和や3兆ドルの景気対策を背景に急反発し、11月27日に3638ポイントの史上最高値を更新しました。コロナワクチン開発成功のニュースを受けて、ニューヨークダウは11月24日に初の3万ドル乗せとなりました。3月の大底で米国株を買えた人は少ないと思いますが、できていればわずか半年間で50％超のリターンをあげられたことになります。

世界的な巣ごもり消費から、米国大手テクノロジー企業が恩恵を受けたため、ナスダック指数に至っては、11月末時点でプラス36％と前年のプラス35％を上回る大幅な上昇率になりました。アップルの時価総額が米国企業として初めて1兆ドルを超えたのは2018年8月でしたが、それから2年後の2020年8月に初の2兆ドル超えとなりました。

◉長期投資として勧めたいS&P500のパッシブ運用

そうしたなか、日本の個人投資家に勧めたいのが、米国株への長期投資です。私は日本株ストラテジストなので、本来、外国人投資家などに日本株を勧める立場にありますが、長期パフォーマンスを見れば、S&P500がTOPIXを大きく上回っています。仕事を離れて、株式投資の経験が乏しい個人投資家から、何に投資すればよいのかと尋ねられると、S&P500のパッシブファンドが良いのではと話します。

米国株は10年に1回ほどリーマンショックやコロナショックのように急落することがありますが、短期間の弱気相場を除けばずっと右肩上がりで上昇していますし、現在は購入手数料がかからないノーロードのパッシブファンドが運用各社から出されています。

また、個別銘柄を買いたいという個人投資家は、アップル、アマゾン、アルファベット（グーグルの親会社）、ネットフリックスなど、日本でもその商品やサービスが身近な企業への投資が良いと思います。

身の周りでも使っている人が多いということは、それだけその企業の商品やサービスが売れていることを意味します。フィデリティの伝説のファンドマネージャーだったピーター・リンチ氏は著書『ピーター・リンチの株で勝つ　アマの知恵でプロを出し抜け』のなかで、「身の周りで、単純な事業をやっていて、退屈な社名の会社」への投資を勧めました。2020年は日本でも「ズーム飲み会」が流行りましたが、私もコロナ禍までズームを使ったことがありませんでした。ズーム（正式社名はZoom Video Communications）の株価は2020年に約7倍に上昇し、時価総額は1360億ドル（約14兆円）に達しました。この時価総額はNTTの1・5倍近くに相当します。

◉米国企業は株主重視の度合が違う

コロナ危機で米国の失業率は2020年4月に14・7%と戦後最悪になった一方、同月の日本の失業率は2・6%に留まりました。景気が悪くなると、簡単に労働者をリストラしてしまう米国企業の姿勢を批判する人もいるでしょうが、米国の企業経営者は株主のために、利益を出そうという意欲が並大抵でありません。S&P500の2020年の予想ROE（株主資本利益率）は業績悪化で15・7%へ低下したとはいえ、東証1部の予想ROE5・2%の約3倍になっています。米国の企業経営者は株主から預かった大切な資本に対して、十分な利益を出すのを当然だと思っています。米国企業の場合、ROEは高くて当然なので、日本企業のように、中期経営計画にROEの目標などを掲げることがめったにありません。

日本企業でも日本電産の永守重信会長のように、創業者が筆頭株主であるいわゆるオーナー系企業のパフォーマンスは、サラリーマン社長の企業より良いことが知られています。米国にはオーナー系でなくとも、経営者の役員報酬は株価や業績と結びついている企業が多いため、経営者と株主のベクトルが一致しています。米国でも格差拡大や大企業の儲け過ぎ批判が出るなか、２０１９年８月に主要企業の経営者団体のビジネス・ラウンドテーブルが声明を出すなど株主至上主義を見直す動きは出ていますが、今後も根本的なところで、米国企業の株主重視姿勢は変わらないと思います。

◉バイデン大統領下での米国株式市場の行方は？

11月３日の大統領選挙でバイデン前副大統領※が勝利しましたが、上院は１月のジョージア州の決選投票までどちらが過半数か判明しない状況となり、民主党が大統領に加えて上下院ともに過半数を獲得し、政策を遂行しやすくなる「トリプルブルー」は実現していません。バイデン前副大統領は株式市場にマイナスだと思われる増税とともに、株式市場への追い風となる財政拡大策や大規模なインフラ投資を主張していましたが、その実現可能性は１月の閣僚人事を見るまでは確定的なことをいえない状況です。財務長官にイエレン前ＦＲＢ議長が決まったことは、市場に安心感を与えました。

歴史的に、共和党政権より民主党政権のほうの株価パフォーマンスが良いことが知られています。また、景気の先行きを慎重に見ているＦＲＢが２０２３年末までゼロ金利政策を維持する姿勢を明らかにしているなか、米国10年国債利回りも１％未満が継続しているため、株式以外に良い投資先がないという話をよく聞きます。

一方、株価上昇を牽引してきたＧＡＦＡ（Google、Amazon、Facebook、Apple）にとって最大のリスクは規制強化なので、２０２０年９月に民主党が優勢な米国下院が反トラスト法に関する調査報告でＧＡＦＡを批判し、事業分割を提言したことは衝撃的でした。

米国では政権が変わると、株式市場の物色も大きく変わることが多いので、株高の方向性が同じでも、物色の変化を注視する必要があるでしょう。

※バイデン前副大統領は大統領選挙に勝利したものの、就任するのは２０２１年１月20日であるため、本書ではバイデン前副大統領という呼び方をしています。

◉日本の家計金融資産の海外分散に期待

このように、政権交代に伴う情勢変化に注意する必要があるとはいえ、米国株投資は日本の投資家が資産形成を行なううえで、大きな魅力を秘めています。私は普段は日本株をメインに調査しているので、米国株の調査は思ったより時間がかかりましたが、日本企業と比較しながら、米国企業をわかりやすく紹介したつもりです。日本の家計金融資産が預金や円資産に偏っているなか、米国株式を中心とした分散投資につながるのであれば、これに勝る喜びはありません。

なお、本書の内容は筆者の個人的見解であり、筆者の所属する組織のそれでないこと、および特定の株式や投信等を勧めるものではないことをお断りします。本書のデータ作成や資料収集の面で協力してくれたみずほ証券エクイティ調査部の三浦豊氏、永吉勇人氏、中村喬氏、黒崎美和氏、白畑亜希子氏、山田佳苗氏に感謝します。

2020年12月

菊地正俊

※本書は2020年11月末時点の株価や為替等に基づいて記述しています。この時点でS&P500は3621ポイント、ニューヨークダウは2万9638ドル、ナスダック指数は1万2198ポイント、日経平均は2万6433円でした。米ドルから円への換算は特記しない限り、1ドル＝105円で計算しています。

第1章

米国株投資の基礎とメリット

第2章

米国株式市場と経済ファンダメンタルズとの関係

第4章

米国株の大きな買い手は誰か

第5章

米国企業の実像を探る

第 6 章

米国株の業種構成と主要銘柄

装丁・DTP／村上顕一

ADVANTAGES ASSOCIATED WITH
LONG-TERM INVESTMENTS IN US STOCKS

第 1 章

米国株投資の基礎とメリット

投資先としての米国株の有利さ

●なぜ米国株への投資が良いのか？

みずほ証券はWebで、米国株式への投資について、次の4点をそのポイントとして挙げています。

①米国株式市場は世界最大の規模であること
②米国経済は世界最大であり、その動向が他国経済に大きな影響を与えること
③米国発の技術やサービス等のビジネスモデルが国際標準になることが多いこと
④グローバル市場で活躍する世界的な優良企業への投資が可能になること

①では2020年11月末時点でS&P500の時価総額は約31兆ドル（約3300兆円）と、東証1部の670兆円の約5倍です。長期投資が求められるなか、S&P500とTOPIXのパフォーマンス格差を見てみると、2019年末までの過去5年では、TOPIXのプラス22％に対してS&P500はプラス57％と、2倍以上のパフォーマンス格差が生じています。過去10年でもTOPIXのプラス90％の上昇に対して、S&P500はプラ

ス190%とやはり2倍以上の上昇率になっています。日本の高度経済成長時代も含む過去50年間でも、TOPIXの約10倍に対してS&P500は約35倍になっています。

②では日本のGDPはバブルのピークだった1990年に米国の約半分でしたが、いまや約4分の1となりました。過去10年の実質GDP成長率も日本が年約1%だったのに対して、米国も経済成長率は鈍化していますが、年2%程度で成長しています。人口も日本は2014年の1・28億人をピークに2050年に約9500万人に減ると予想されているのに対して、米国の人口は今後の移民政策に依存するでしょうが、国連の予想によると、現在の3・3億人から2050年にかけて3・8億人に増えると予想されています。米

図表1-1：S&P500とTOPIXの長期パフォーマンス格差

	2020年の変化率(%)	2019年末までの変化率(%)				
		過去3年	過去5年	過去10年	過去30年	過去50年
S&P500	13	44	57	190	814	3,409
TOPIX	2	13	22	90	-40	868
差	**11**	**31**	**35**	**100**	**854**	**2,541**

注：2019年末時点、2020年の変化率は11月30日時点
出所：ブルームバーグよりみずほ証券エクイティ調査部作成

国は先進国のなかで数少ない人口増加予想国になっています。

●日米の産業競争力は逆転した

③では「鉄は国家なり」とか、「半導体が産業のコメ」といわれた時代に、日本の産業が優位性を持っていたこともありました。ハーバード大学のエズラ・ヴォーゲル教授が『ジャパン・アズ・ナンバーワン』を書いた1979年に、米国企業は日本的経営を学ぼうとしました。1980年代には日本が半導体で世界一のシェアを持っており、米国政府は1985年から日米半導体協議を求めました。しかし、2019年には半導体IC売上で米国企業が過半数のシェアを持ち、日本のシェアは6％まで低下しました。日本の資産バブルのピークだった1989年に、日本企業は世界の時価総額上位10のうち7社を占めていましたが、いまや1社もなく、逆に米国企業が7社占めています。

現在はデータ全盛時代となり、米国の大手テクノロジー企業がグローバルスタンダードを握って、世界を席巻するようになりました。かつて家電製品といえば、「メイド・イン・ジャパン」が高品質と受け止められて、日本製のビデオデッキ・レコーダーやソニーのウォークマンが世界的に人気を博した時代もありましたが、いまはiPhoneで写真を撮り、音楽を聴き、ダイソンの洒落た扇風機や掃除機を使うようになりました。ソニー株の最近

図表1-2：世界の時価総額ランキング：1989年 vs. 2020年

順位	1989年 会社名	国名	時価総額(10億ドル)	2020年 会社名	国名	時価総額(10億ドル)
1	NTT	日本	163.9	アップル	米国	2,024.1
2	日本興業銀行	日本	71.6	サウジ・アラビアン・オイル	サウジアラビア	1,919.6
3	住友銀行	日本	69.6	マイクロソフト	米国	1,618.5
4	富士銀行	日本	67.1	アマゾン・ドット・コム	米国	1,589.6
5	第一勧業銀行	日本	66.1	アルファベット	米国	1,189.0
6	IBM	米国	64.7	フェイスブック	米国	788.9
7	三菱銀行	日本	59.3	アリババ・グループ・HD	中国	712.6
8	エクソン	米国	54.9	テンセントHD	中国	696.1
9	東京電力	日本	54.5	テスラ	米国	538.0
10	ロイヤル・ダッチ・シェル	英国	54.4	バークシャー・ハサウェイ	米国	536.9
11	トヨタ自動車	日本	54.2	ビザ	米国	464.6
12	GE	米国	49.4	台湾・セミコンダクター・マニュファクチャリング	台湾	436.2
13	三和銀行	日本	49.3	ウォルマート	米国	433.0
14	野村證券	日本	44.4	ジョンソン・エンド・ジョンソン	米国	380.9
15	新日本製鉄	日本	41.5	JPモルガン・チェース	米国	359.3
16	AT&T	米国	38.1	サムスン電子	韓国	359.3
17	日立製作所	日本	35.8	プロクター・アンド・ギャンブル	米国	344.3
18	松下電器	日本	35.7	マスターカード	米国	335.5
19	フィリップ・モリス	米国	32.1	エヌビディア	米国	331.8
20	東芝	日本	30.9	貴州茅台酒	中国	327.3
21	関西電力	日本	30.9	ネスレ	スイス	321.8
22	日本長期信用銀行	日本	30.9	ユナイテッドヘルス・グループ	米国	319.1
23	東海銀行	日本	30.5	ホーム・デポ	米国	298.7
24	三井銀行	日本	29.7	LVMHモエヘネシー・ルイヴィトン	フランス	291.4
25	メルク	米国	27.5	ロシュ・HD	スイス	285.2
26	日産自動車	日本	27.0	中国工商銀行	中国	273.1
27	三菱重工業	日本	26.7	ザ・ウォルト・ディズニー・カンパニー	米国	268.0
28	デュポン	米国	26.1	ペイパル・ホールディングス	米国	250.9
29	GM	米国	25.3	ベライゾン・コミュニケーションズ	米国	250.0
30	三菱信託銀行	日本	24.7	ロシュ・HD	米国	243.6

注：1989年の時価総額はダイヤモンドオンライン調べ、2020年はブルームバーグデータに基づく。2020年は11月30日時点。このリストは推奨銘柄でない

出所：ダイヤモンドオンライン、ブルームバーグよりみずほ証券エクイティ調査部作成

の復活も、エレクトロニクス商品というよりは、センサーという部品やゲームなどが評価されてのことです。日本が依然として高い競争力を維持している自動車についても、テスラがかっこいいし、環境に良いとの評価になり、テスラの時価総額はトヨタ自動車の2倍以上に増えました。

●日本でも馴染みがある米国テクノロジー企業

④では日本でも毎日アップルのiPhoneを使い、グーグルで検索し、アマゾンで買い物をし、マイクロソフトのワードに文章を打ち込み、アマゾン・プライムやネットフリックスの動画を見ている人が多いと思います。世界では毎日40億人以上の人がグーグルの製品やサービスの少なくとも1つを使っているといわれます。フェイスブックの月間アクティブユーザー数は世界で約20億人、日本でも2600万人もいます。

アマゾンが日本語サイトを開設したのは2000年11月でしたが、このときにアマゾン株を買っていれば、株価は100倍以上に上昇しています。

スマホのシェアは世界的にはアンドロイドのほうが高いのですが、日本ではiPhoneのシェアが約6割にも達し、日本人のiPhone好きは世界的に見ても異常になっています。アップルが日本でソフトバンクを通じて、iPhoneを売り出したのは2008年7月でしたが、このときにアップルの株を買っていたら、約40倍になっていました。毎年9月（2020年はコロナ禍のために10月）の新型iPhoneの発表会は、世界中のアナリストが注目する一大イベントになっています。

ネットフリックスが日本でストリーミングサービスを開始したのは2015年9月でしたが、このとき以来、ネットフリックスの株価は約5倍に上昇しました。

こうした日本人にも馴染みがある米国企業に投資できるのが、米国株投資の③と④の醍醐味です。

●米国企業の株主重視は半端ではない

米国株式市場のポイントとして⑤を加えるならば、株主重視の経営です。

日本企業でも安倍前政権になってROEや株主価値重視の経営が根付きましたが、米国企業の経営者の株価や株主利益の重視姿勢に比べたらまだ不十分です。米国企業の経営者は役員報酬と株価や業績が直接リンクしているので、株価や業績を上げようという意欲が半端でありません。PBR（株価純資産倍率）＝PER×ROEですから、理論的にPBRとROEは比例しますが、世界中の株式をプロットすると、日本は左下に存在する一方、米国は最も右上に位置します。米国企業は株主に言われなくても、ROEを重視するのが当然なので、経営計画にＲＯＥの目標を掲げることはほとんどありません。

ＲＯＥは売上高純利益率×資産回転率×レバレッジに分解されるので、米国企業は格付けが下がらない範囲内で、レバレッジを引き上げて、ＲＯＥを向上させようとします。東洋経済『米国会社四季報２０２０年秋冬号』は、高ＲＯＥ企業ランキングを掲載しています。利益率が高いアップルのＲＯＥは55％ですが、ＲＯＥが１００％（10％ではありません）を超える企業も14社あり、うち１社は半導体のクアルコムの１５３％です。

米国企業の"Proxy Statements"（株主総会の招集通知）では、役員報酬の決定に絡んで、ＴＳＲ（Total Shareholder Returnの略で、キャピタルゲイン＋配当）がどの程度だったのか、それがＳ＆Ｐ

図表1-3：世界の主要株式市場のROE比較

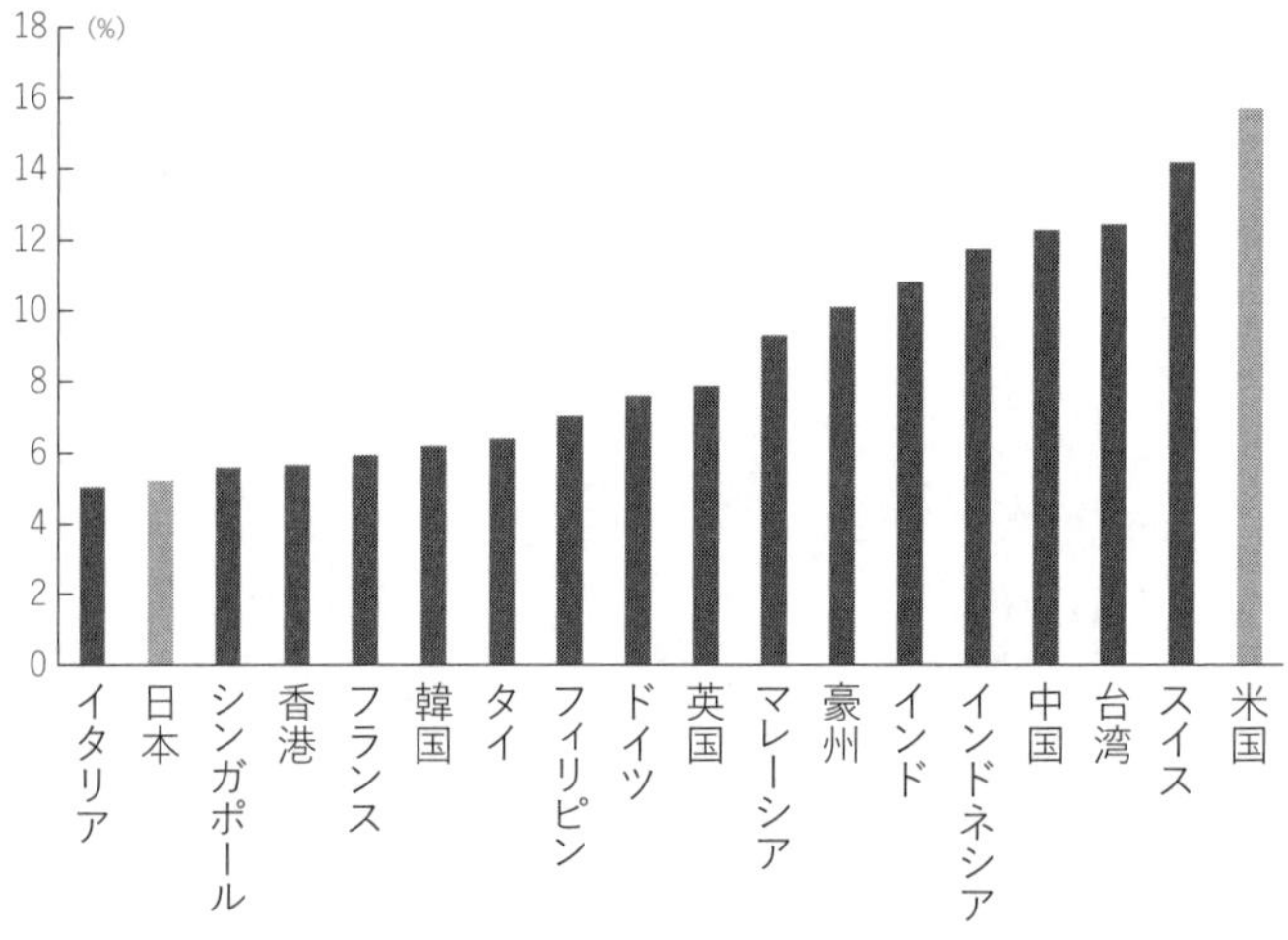

注：2020年11月30日時点、日本は東証一部のみずほ証券予想、その他はMSCI指数ベースのブルームバーグ予想
出所：ブルームバーグよりみずほ証券エクイティ調査部作成

500企業の同業またはグローバルな競争相手に比べてどうだったのかが記述されます。

たとえば、モルガン・スタンレーは過去1年、3年、5年のTSRを同業他社との比較でわかりやすい図で開示しています。日本企業にはようやくTSRという観念が理解され始めた程度です。従業員から見れば、経営環境が厳しいときにもリストラせずに、業績悪化に甘んじてくれればありがたいといえますが、株主にとっては、社会的な通念が許す範囲内で、従業員を解雇しても利益を上げてくれる企業が良い会社ということになります。

●米国株は世界株価指数で約6割の比重を占める

1989年の日本の資産バブルのピークに、日本の株式時価総額はMSCI世界株価指数（モルガン・スタンレー・キャピタル・インターナショナル社が算出している株価指数）の約4割を占めていましたが、いまや約7％に低下する一方、米国株の比重は約6割へ高まりました。

国内株だけに投資するファンドマネージャーは日本株であればTOPIX、米国株であればS&P500などをベンチマークにして、それを上回るリターンをあげることを目指しますが、国際分散投資をするアセットオーナーやアセットマネージャーは、MSCI世界株価指数をベンチマークにした運用を行ないます。その運用における重要性では米国株が約6割を占め、日本株はその10分の1程度の重要性しかないことを意味します。

こうした環境下で、米国機関投資家の日本株への関心が低下する一方、日本の投資家の米国株への傾斜が高まるのは致し方ありません。日系運用会社も米国株の運用強化が喫緊の課題になっています。

◉米国株の長期投資のメリットは大きい

大手オンライン証券のチャールズ・シュワブはWebで、初心者向けの株式投資のメリットとして、「様々な金融資産は異なる動きをするので、ある年のパフォーマンスを予想するのはほとんど不可能であるものの、1997年に米国株に10万ドル投資していれば、2017年に40万ドルと、20年間で約4倍に上昇した」と指摘しました（ただし、株式はボラティリティで上下に変動するので、分散したポートフォリ

図表1-4：MSCI世界株価指数に占める日米株の比重の推移

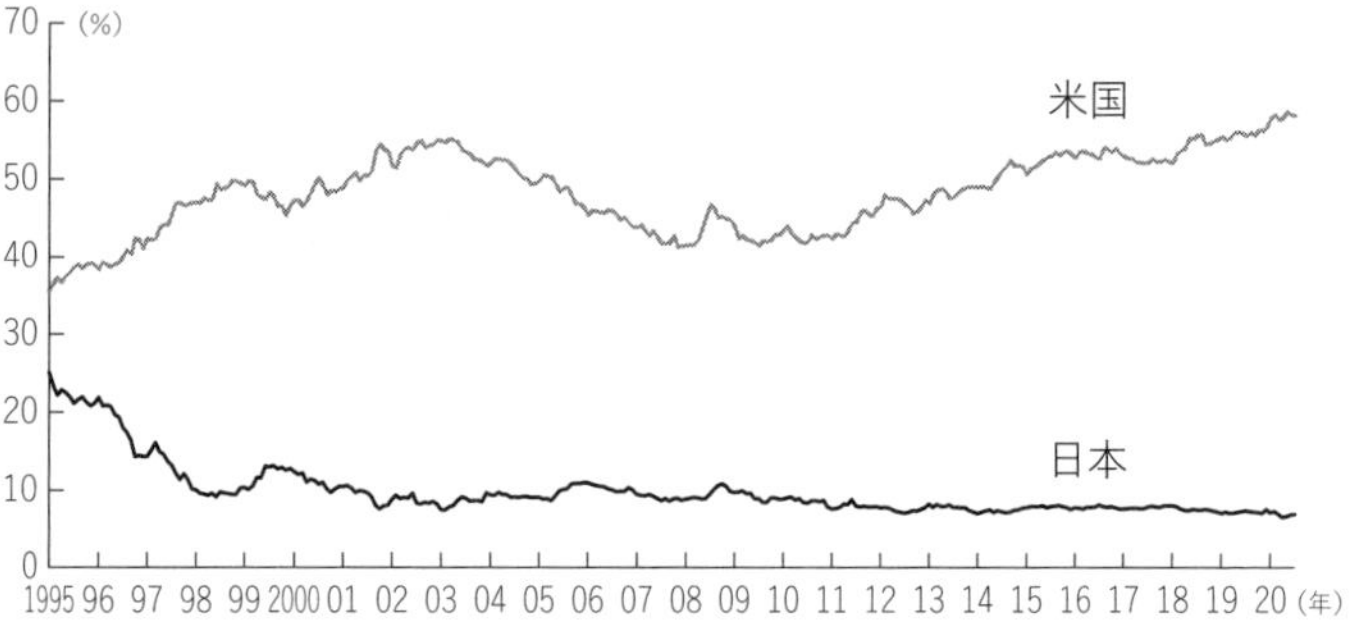

注：2020年10月末時点
出所：MSCIよりみずほ証券エクイティ調査部作成

オが望ましいと述べています）。

株式投資の長期投資のリターンをアカデミックに分析したペンシルバニア大学ウォートンスクールのジェレミー・シーゲル教授の著書『Stocks For the Long Run』（邦題『株式投資長期投資で成功するための完全ガイド』）は1994年に初版が出されてから、2014年に第5版が出たロングセラーの名著です。私が持っている1998年に出された第2版によると、1802〜1997年の195年における米国株式のインフレ調整後の実質リターンは年平均7・0％でした。これは10年ごとに資産価格が約2倍になることを意味します。インフレ率が年平均3％（現在は2％達成もむずかしいご時世ですが）であれば、株式の名目リターンは年10％ということになります。

シーゲル教授は、期間を分けて計算しても実質リターンがあまり変わらない株式の投資先としての安定性を指摘しました。たとえば、1802〜1870年は年平均7・0％、1871〜1925年が同6・6％、1926年以降が同7・2％、第二次世界大戦以降が同7・5％でした。そして、「過去2世紀に米国の産業構造や経済社会が大きく変わるなかでも、株式の実質リターンがほぼ同程度だったことに注目すべきだ」と述べました。

2020年に75歳になったシーゲル教授は、コロナ禍でも株式市場の長期リターンに影響なしと強気のコメントをしています。

●際立つ米国株の長期パフォーマンス

ゴールドマン・サックスのチーフ・グローバル・ストラテジストのピーター・オッペンハイマー氏も2020年に出版した『The Long Good Buy: Analysing Cycles in Markets』（長期投資の良さ　株式市場のサイクルの分析）で、米国株の長期投資のメリットを次のように語っています。

〈1860年以降、S&P500の10年リターンは年平均10%、20年リターンは同10%と、ともに10年国債のリターンの5%を大きく上回っています。株式はリスクがあるからリターンが高いとの議論に関しては、S&P500のリターンのバラツキ度合を示す標準偏差は1年では10%と、10年国債の3%を大きく上回るものの、同標準偏差は5年では2

図表1-5：S&P500と米国10年国債の長期リターンと標準偏差

保有期間		1年	5年	10年	20年
年平均リターン（%）	S&P500	11	12	10	10
	米国10年国債	5	6	5	5
年率リターンの標準偏差（%）	S&P500	10	2	1	1
	米国10年国債	3	1	0	0
マイナスのリターンになる確率（%）	S&P500	28	11	3	0
	米国10年国債	18	1	0	0

注：1960～2019年
出所：Peter Oppenheimer “The Long Good Buy”よりみずほ証券エクイティ調査部作成

%に下がり、10～20年では1%と長期保有でボラティリティは大きく下がります。米国株を長期保有すると、安定的なリターンが得られることを意味します。保有期間に応じてリターンがマイナスになる確率は1年間保有だと28%、5年保有だと11%であるものの、10年保有だと3%に下がり、20年保有だと0%になります。

ちなみに、株式リターンと国債リターンの差は株式リスクプレミアム（Equity Risk Premium＝ERP）と呼ばれます。米国の株式リスクプレミアムは計測期間によって異なりますが、おおむね6～7%です。

また、高バリュエーション時（株価が高いとき）に株式を買うと、その後のリターンは低くなる傾向があります。1950年以降、CAPE（Cyclically Adjusted PERの略で、景気変動を調整したPER）とS&P500の10年リターンの回帰式の決定係数は0・7もあります。ただし、2年間だと決定係数は0・2、5年間だと0・4とそれほど高くなく、高PERと高株価が高止まりする局面もあります。たとえば、1990年代後半のITバブル時代がそうした局面でしたし、現在も似たような状況といえましょう。

米国株の取引市場と投資手段

◉ニューヨーク証券取引所とナスダック取引所の違い

ニューヨーク証券取引所は1817年に設立されました。証券取引所間の国際競争は激化しM&Aが起きています。ニューヨーク証券取引所は2006年に欧州のユーロネクストと合併し、2008年にアメリカン証券取引所を買収し、2013年にインターコンチネンタル取引所（Intercontinental Exchange＝ICE）の傘下に入りました。

東証を運営する日本取引所グループも東証に上場していますが、ICEもニューヨーク証券取引所に上場しており、2020年11月末時点で時価総額は590億ドル（約6・2兆円）と、日本取引所グループの1・4兆円の約4倍になっています。ICEの2019年売上の約4割はエネルギーの先物・オプション取引であり、株式現物・オプションの占める比率は1割強に過ぎません。

これに対して、ナスダックは1971年に全米証券業協会が新興企業向けの電子株式市場として始まりました。ナスダックはナスダック市場にNasdaq（ティッカーはNDAQ）として上場しており、時価総額は約210億ドル（2・2兆円）です。

日本ではマザーズやジャスダックに上場した後に、東証一部を目指す企業が多数である一方、ナスダック上場の新興企業はずっとナスダックに留まることが多くなっています。たとえば、マイクロソフトは1986年にナスダックにIPOして以来、ずっとナスダック上場です。ニューヨーク証券取引所にはテレビでよく報じられる立会場がウォール街にあり、IPOする企業は鐘を鳴らすことができますが、ナスダックは電子取引なので立会場がありません。取引システムもニューヨーク証券取引所がオークション市場であるのに対して、ナスダックはディーラー市場という違いがあります。

◉ナスダック取引所はテクノロジー企業がメイン

アップル、マイクロソフト、アマゾン、フェイスブック、アルファベットなどの大手テクノロジー企業はすべてナスダック上場である一方、ニューヨーク証券取引所は金融や素材などの旧来企業の上場が多くなっています。両市場とも成長企業であるテクノロジー企業を上場させようと競争しており、ニューヨーク証券取引所にもハイテク企業は上場しています。ツイッターはニューヨーク証券取引所上場ですし、2020年9月に時価総額7兆円の巨額IPOで話題になったSaaS（Software as a Service）企業のスノーフレークはニユーヨーク証券取引所に上場しました。

　エネルギー企業のアパッチ・コーポレーションはニューヨーク証券取引所上場でしたが、２００４年にナスダックとの重複上場にした後、２０２０年６月にナスダックだけの上場に変更したことは、ナスダックの優位性を示す事例と見られました。

　ナスダック市場はアニュアルレポートで、自らを資本グローバル市場とその他産業にサービスを提供するグローバル・テクノロジー企業だと謳っています。２０２０年10月１日の東証のシステム障害による株式売買の１日停止は、市場の一極集中の問題点を露呈しましたが、日本の株式取引の85％が東証に集中しているのに対して、米国ではニューヨーク証券取引所のシェアが22・９％、ナスダック

図表1-6：日米の証券取引所の売買シェア

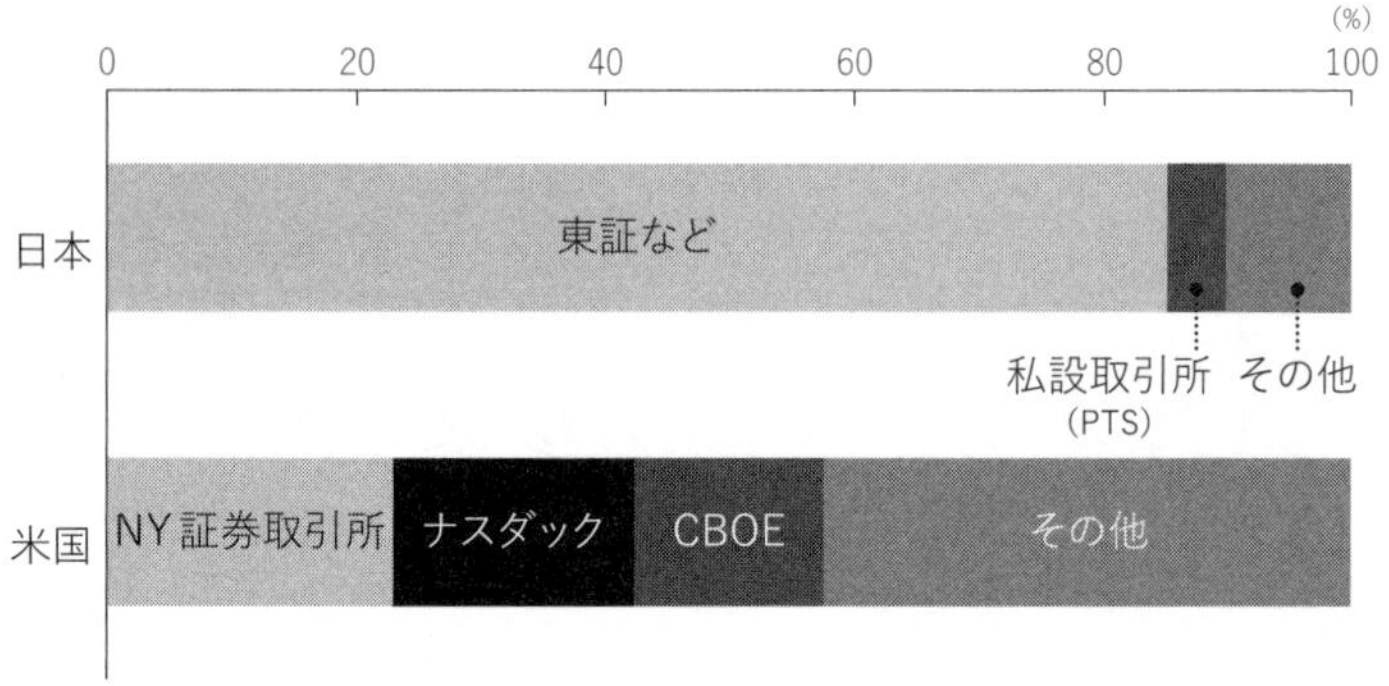

出所：日本経済新聞（2020年10月2日）よりみずほ証券エクイティ調査部作成

市場が19・5％、ＣＢＯＥ（Chicago Board Options Exchange）が15・2％に過ぎず、残りを私設取引システム（Proprietary Trading System＝ＰＴＳ）などが占めます。なお、１９９５年7月にニューヨーク証券取引所でもシステム障害で取引が3時間半停止されましたが、東証のように1日中取引が止まったことはありません。

◉米国株式の取引時間と売買代金

取引時間は両市場ともに9時半〜16時（東海岸時間）で、日本時間では23時半〜朝6時（サマータイム期間中は22時半〜朝5時）です。証券取引所が閉まった後も、電子通信ネットワーク（Electronic Communication Networks＝ＥＣＮｓ）を通じて、16〜20時にAfter-Hours Tradingが行なわれ、証券取引所が閉まった後に発表される企業業績を反映して株価が変動します。

証券取引所の国際連合であるWorld Federation of Exchangesによると、２０１９年末の上場銘柄数はニューヨーク証券取引所が２９７４社、ナスダック市場が３１４０社と、単独市場では東証の３７０８社を下回っていますが、両市場合計では東証の2倍近くあります。２０１９年のＩＰＯ社数はニューヨーク証券取引所が65社、ナスダック市場が１５０社、東証が89社と、ナスダック市場が多くなっています。ただ、米国のスタートアップ企業はＩＰＯ前に大企業に買収されることが多いので、市場規模の割にはＩＰＯ件数が少ないといえます。

2019年の売買代金はニューヨーク証券取引所が18兆ドル、ナスダック市場が12兆ドル、東証が6兆ドルと、ニューヨーク証券取引所やナスダック市場が東証の2~3倍になっています。2019年末の時価総額はニューヨーク証券取引所が20兆ドル、ナスダック市場が約10兆ドルと、東証の5・3兆ドルの2~4倍になっています。

●米国株、米国株投信、米国株ETFのどれで投資するか

米国株に投資する手法は、①米国株の個別株、②米国株投信、③米国株ETF（Exchange Traded Funds）という3種類があり、②の米国株投信はアクティブ運用とパッシブ運用に分かれます。

①では銘柄を指定して、証券会社に発注することになります。ネット証券を通じて自分で銘柄、株価、数量などを打ち込むか、対面販売であれば、大手証券のセールスに電話で発注することになります。現在どこの証券会社も米国株の現物株販売に注力しているので、個人投資家からの発注への対応は慣れています。銘柄発掘もむずかしく考えずに、自分が使っている米国製の商品やサービスから選べばいいと思います。

②の投信と③のETFでは、前者は非上場で基準価格が1日に1回しか発表されないの

に対して、後者は上場していてリアルタイムで基準価格がわかるという違いがあります。

ＥＴＦは世界で約７０００本も上場されていて、同じＳ＆Ｐ５００を対象としたＥＴＦも日米の主要運用会社から出されているので、個別銘柄に投資する際と同じく銘柄選択が求められます。東証上場のＥＴＦは流動性が低い銘柄も少なくないので、流動性の考慮も必要です。

投信は手数料の高さが指摘された時代もありましたが、株価指数並みのパフォーマンスを目指すパッシブ投信では、購入手数料が無料のノーロード投信が増えています。

米国株投信でも日本株投信と同様に、ファンドマネージャーがベンチマーク以上のパフォーマンスを目指すアクティブ投信があります。アクティブ投信を選ぶに際しては、運用者の投資哲学や過去のパフォーマンスなどを見極めることが重要です。

◉どう米国株を売買するか

証券会社は個人投資家向けに米国株の個別銘柄、ＥＴＦ、投信などの営業を強化しています。

最大手の野村証券では米国株の７００銘柄程度の注文を受けています。売買手数料は約定代金が20万円までの場合、オンライン注文であれば２３８９円、電話注文の場合２９８

6円です。

オンライン証券最大手のＳＢＩ証券は米国株式投資サービスで、「①手数料が魅力～業界最安水準の最低0ドル、②米国貸株サービス～保有株式を貸し出すことで金利収入が得られる、③米国株式逆指値注文～株価下落時のリスクを抑える、④外貨入出金サービス～住信ＳＢＩネット銀行からＳＢＩ証券への外貨入出金は無料」を売りにしています。また、米国株式決算速報ニュースをＳＥＣで公表された米国企業の臨時報告書に基づいて作成し、発表後30分程度でニュースを配信するとしています。

マネックス証券は取引できる米国株銘柄数が２０２０年7月時点で３６７４銘柄と、ＳＢＩ証券の３５９７銘柄や楽天証券の２９４１銘柄を上回り、主要ネット証券で1位だと謳っています。売買手数料も約定金額が１・１１ドル以下は無料、約定金額が４４４ドル以上は20ドルとお手頃な手数料だとしています。日本語で米国株投資情報の提供や米国株月次オンラインセミナーなども行なっています。

楽天証券のＷｅｂには米国株式や米国ＥＴＦの売買代金ランキング上位20が掲載されており、日本の個人投資家にどのような米国株が人気かわかります。たとえば２０２０年11月22～28日の売買代金のトップ３はテスラ、ヘルスケアのグッド・アール・エックス、モデルナでした。ＥＴＦの売買代金のトップ３はバンガードＳ＆Ｐ５００ＥＴＦ、バンガード・トータル・ストック・マーケットETF、インベスコQQQトラストでした。

◉NISAでも米国株や米国株投信に投資できる

個人投資家に税制優遇することで株式や投信を通じての資産形成を促進する「一般NISA」は2014年1月にスタートし、新規投資額は年120万円を上限に、投資可能期間は2014～2023年になっています。2018年1月にスタートした「つみたてNISA」は新規投資で年40万円を上限に、投資可能期間は2018～2037年です。

一般NISAは個別の米国株も投資対象になりますが、「つみたてNISA」は①販売手数料がゼロ（ノーロード）、②信託報酬が一定

図表1-7：「つみたてNISA」用の米国株投信

ファンド名	指定指数／区分	運用会社	純資産（100万円）
eMAXIS Slim米国株式（S&P500）	S&P500	三菱UFJ国際投信	203,258
楽天・全米株式インデックス・ファンド	CRSP US Total Market Index	楽天投信投資顧問	160,548
SBI・バンガード・S&P500インデックス・ファンド	S&P500	SBIアセットマネジメント	91,530
フィデリティ・米国優良株・ファンド	海外型 株式及びREIT	フィデリティ投信	31,077
eMAXIS NYダウインデックス	ニューヨークダウ	三菱UFJ国際投信	18,042
iFree S&P500インデックス	S&P500	大和アセットマネジメント	15,889
米国株式インデックス・ファンド	S&P500	ステート・ストリート・グローバル・アドバイザーズ	5,339
農林中金<パートナーズ>つみたてNISA米国株式S&P500	S&P500	農林中金全共連アセットマネジメント	3,025
Smart-i S&P500インデックス	S&P500	りそなアセットマネジメント	245
つみたて米国株式（S&P500）	S&P500	三菱UFJ国際投信	85
NZAM・ベータ S&P500	S&P500	農林中金全共連アセットマネジメント	26

注：純資産は2020年11月30日時点
出所：金融庁、ブルームバーグよりみずほ証券エクイティ調査部作成

水準以下（国内株式インデックス投信の場合0・5%以下）、③信託期間が無期限または20年以上などの条件を満たす投信に限られます。2020年9月15日時点で金融庁が認可したインデックス投信は158本、インデックス以外のアクティブ投信は18本になっていますが、このなかには米国株を対象としたものもあります。

◉米国株インデックス投信が人気に！

インデックス投信となると、残念ながらTOPIXや日経平均より、S&P500のパフォーマンスが良いことは個人投資家でも知っています。そのため、日銀のETF購入を除くと日本株投信の残高が伸び悩む一方、日本における米国株投信の残高は2020年10月末に11兆円と3年前比で倍増しました。米国株は長期的に右肩上がりなので、積立投資に向いているといえます。

S&P500を対象とする「つみたてNISA」用投信は各運用会社から8本出ています。楽天投信投資顧問が約3400の米国株を投資対象にする「全米株式インデックス・ファンド」を出していますが、これはバンガードのトータル・ストック・マーケットETFへ投資する投信です。ナスダックを対象にしたインデックスファンドがないのは、ナスダック指数はボラティリティが高いうえ、ナスダックを対象にした手数料が高い投信もあるので、「つみたてＮＩＳＡ」用にナスダック投信を用意する必要がないとの考えがあるようです。米国株アクティブ投信ではフィデリティの「米国優良株・ファンド」が「つみたてＮＩＳＡ」用の唯一の投信です。

◉日本の個人投資家も米国株投信を通じて米国株へ投資

みずほ証券の福家尚文副社長は、２０２０年６月29日発売の週刊東洋経済におけるモーニングスターの朝倉智也社長との対談で、「大半の日本人は『日本に住んで、日本の企業で働いて、日本円で報酬を得て、日本円で貯蓄する』行動様式を取ってきた。しかし、世界に占める日本の比率が、人口やＧＤＰをはじめとしてどんどん小さくなっている事実

図表1-8：日本の米国株投信と日本株アクティブ投信の純資産の推移

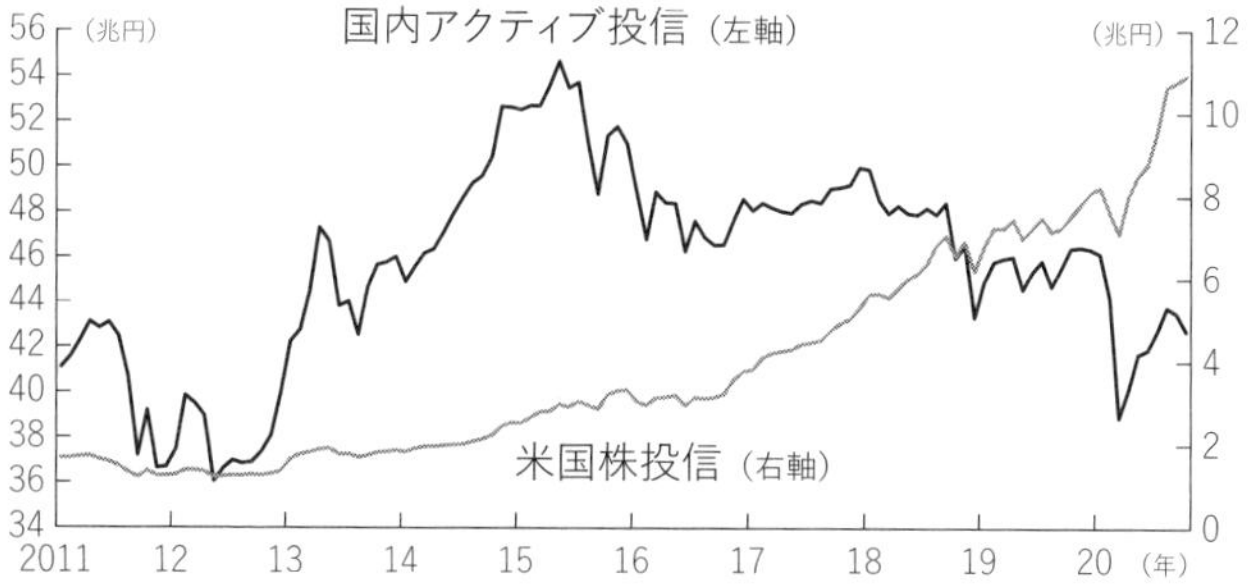

注：国内アクティブ投信は株式投信から海外株式投信とインデックス投信を除外したもの
出所：投資信託協会よりみずほ証券エクイティ調査部作成

に目を向ける必要がある。今後50年、その縮小スピードはますます速くなる。中長期的に安定的なリターンを実現するには、長期・分散・継続の投資で一定のリスクを取ることが不可欠だ。日本の家計の豊かさの増進に貢献したい想いから『グローバル・エクイティ戦略』を打ち出した」と述べました。

２０１６年9月に、世界株式の分散投資で日本の家計に投資の成功体験を積み上げるために、「グローバル・ハイクオリティ成長株式ファンド（愛称：未来の世界）」を設定しました。設定はアセットマネジメントＯｎｅが行ないましたが、実際の運用はモルガン・スタンレー・インベストメント・マネジメントが行なっています。

この投信はグローバル版に加えて、新興国、

図表1-9：「グローバル・ハイクオリティ成長株式ファンド」の純資産の推移

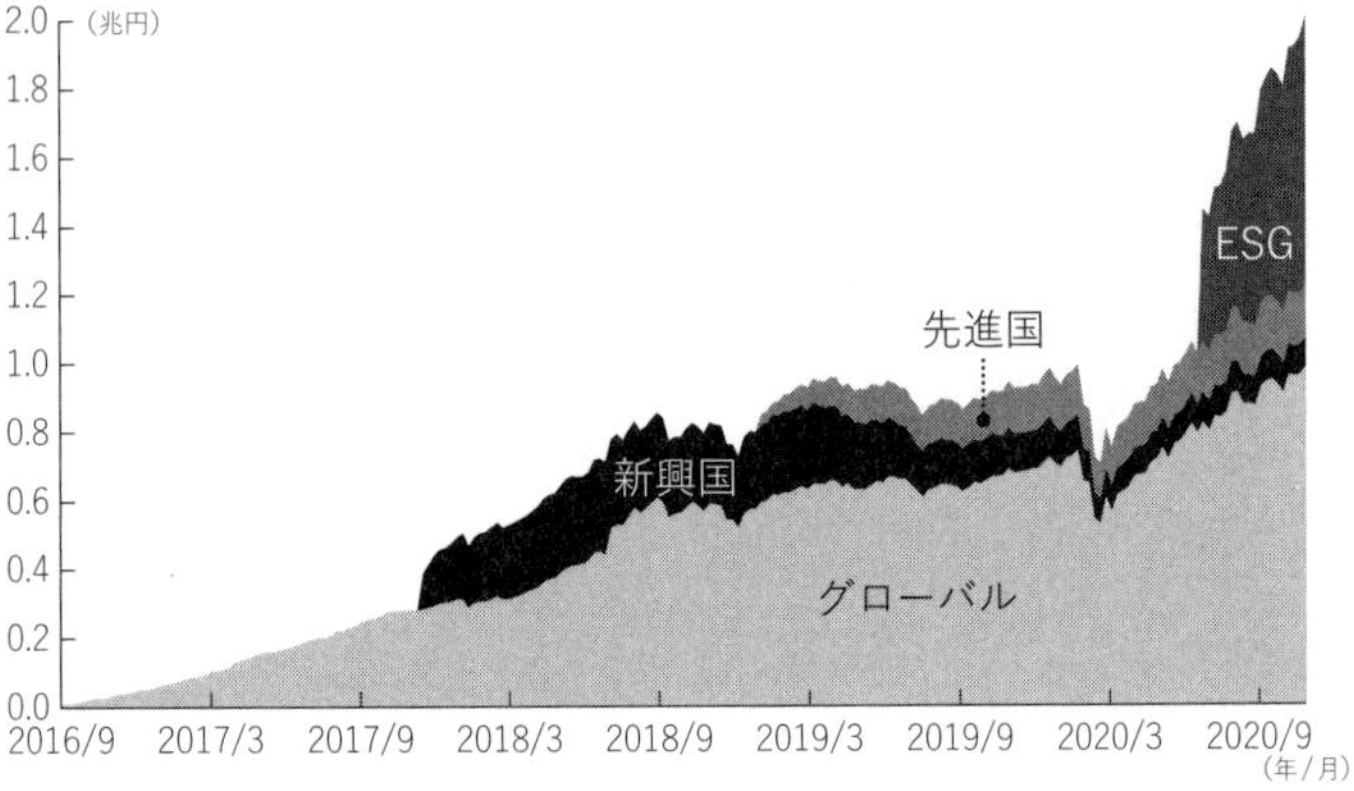

注：2020年11月27日時点。グローバルは「グローバル・ハイクオリティ成長株式ファンド」（限定為替ヘッジ／為替ヘッジなし）、「グローバル・ハイクオリティ成長株式ファンド（年2回決算型）」（限定為替ヘッジ／為替ヘッジなし）の4ファンド、新興国は「新興国ハイクオリティ成長株式ファンド」、先進国は「先進国ハイクオリティ成長株式ファンド」（為替ヘッジあり／為替ヘッジなし）の2ファンド

出所：ブルームバーグよりみずほ証券エクイティ調査部作成

先進国、年2回決算型、ESG版が設定されて、合計運用資産は2兆円近くに達しました。「グローバル・ハイクオリティ成長株式ファンド」は、持続可能な競争優位性を有し、高い利益成長が期待される企業のうち、市場価格が理論価格より割安と判断される銘柄を厳選してポートフォリオを構築します。銘柄選択は定量スクリーニング、情報ネットワーク（企業経営者、業界専門家等との面談）、パターン認識（成功企業のビジネスモデルを地域・国・業界等異なる企業に当てはめる）、ディスラプティブ・チェンジ分析（新しい価値が既存の価値にどのようなインパクトを与え、長期的かつ巨大な変化になるのかを大局的に見極める）に基づいて行ないます。

◉日本の個人投資家は日本株から米国株投信へシフト

日本の個人投資家は日本株から、米国株投信や外国株投信へシフトしています。2020年10月末の純資産は日本株アクティブ投信が前年同月比4兆円減の43兆円になった一方、米国株投信は同約3兆円増の11兆円となりました。

日本で純資産が大きいグローバル株式投信も日本株の比重が極めて小さく、11月末時点で純資産が約1兆円と最大になっている「ピクテ・グローバル・インカム株式ファンド（愛称：グロイン）」は、日本の高配当利回り株にも投資できるのに、66％が北米、29％が欧州になっており、日本株はほとんど投資していません。組入上位銘柄は、ネクストラ・エナ

設定日	純資産(10億円)	設定来騰落率(%)	国別組入比重(%)			組入銘柄		
			米国株	日本株	中国株	1位	2位	3位
2005年2月	962	88	64.0	NA	1.4	ナショナル・グリッド	イベルドローラ	ネクステラ・エナジー
2016年9月	688	NA	64.0	2.1	15.2	アマゾン	マスターカード	ズーム
2017年12月	591	39	64.9	8.2	6.8	ルメンタム	キーサイト	ゼンデスク
2014年9月	578	145	91.3	NA	NA	マイクロソフト	アルファベット	フェイスブック
1999年11月	578	209	97.6	NA	NA	アップル	マイクロソフト	アルファベット
2019年6月	566	82	84.4	0.8	0.9	テスラ	インビテ	スクエア
2015年8月	336	81	45.3	29.8	NA	ダイフク	シュナイダー	ABB
2017年2月	248	119	89.9	1.7	NA	テスラ	ROKU	スクエア
2016年12月	224	175	64.9	4.4	5.3	スクエア	ZILLOW	メルカドリブレ
2015年12月	219	90	56.9	15	NA	キーエンス	インテュイティブ	クアルコム
2020年7月	214	5	64.9	2.7	15.8	SEA	ROKU	MEITUAN
2004年2月	152	277	69.4	7.4	1.0	ユナイテッドヘルス	ファイザー	サーモ・フィッシャー
2017年2月	121	21	71.6	9.7	NA	マイクロソフト	アップル	アマゾン
2007年10月	113	55	55.4	4.3	NA	テスラ	アマゾン	フェイスブック
2017年2月	106	68	78.8	3.2	2.4	アマゾン	アドビ	マイクロソフト
2018年1月	83	6	38.7	11.4	11.3	ONセミコンダクター	日本電産	NIO
2019年1月	79	68	73.8	0.9	9.1	インビテ	CRISPR	TWIST
2017年9月	58	66	66.4	4.9	16.1	アマゾン	アリババ	メルカドリブレ
2020年8月	43	-3	44.6	NA	NA	マイクロソフト	クラウンHD	フィリップス
2020年3月	35	38	55.5	20.5	NA	アレクション	アンセム	メットライフ
2019年10月	16	18	59.0	NA	9.1	アクセンチュア	TI	BJ'sホールセールス

注：2020年9月末時点。日系運用会社は運用を外国運用会社に委託する場合が多い
出所：会社資料よりみずほ証券エクイティ調査部作成

図表1-10：日本で販売されている主なグローバル株式投資

ファンド名	愛称	運用会社
ピクテ・グローバル・インカム株式ファンド(毎月分配型)	グロイン	ピクテ
グローバル・ハイクオリティ成長株式ファンド	未来の世界	アセットマネジメントOne
次世代通信関連世界株式戦略ファンド	THE 5G	三井住友トラスト・アセットマネジメント
アライアンス・バーンスタイン・米国成長株投信(毎月決算型、為替ヘッジなし)	NA	アライアンス・バーンスタイン
netWIN GSテクノロジー株式ファンド(為替ヘッジなし)	NA	ゴールドマン・サックス・アセット・マネジメント
グローバル・プロスペクティブ・ファンド	イノベーティブ・フューチャー	日興アセットマネジメント
グローバル・ロボティクス株式ファンド(年2回決算型)	NA	日興アセットマネジメント
グローバルAIファンド	NA	三井住友DSアセットマネジメント
グローバル・フィンテック株式ファンド	NA	日興アセットマネジメント
ロボット・テクノロジー関連株ファンド	ロボテック	大和アセットマネジメント
デジタル・トランスフォーメーション株式ファンド	ゼロ・コンタクト	日興アセットマネジメント
グローバル・ヘルスケア&バイオ・ファンド	健次	三菱UFJ国際投信
GSグローバル・ビッグデータ投資戦略(為替ヘッジなし)	NA	ゴールドマン・サックス・アセット・マネジメント
キャピタル世界株式ファンド	NA	キャピタル・グループ
野村グローバルAI関連株式ファンド(為替ヘッジあり)	NA	野村アセットマネジメント
グローバルEV関連株ファンド(為替ヘッジなし)	EV革命	三井住友DSアセットマネジメント
グローバル全生物ゲノム株式ファンド(1年決算型)	NA	日興アセットマネジメント
世界eコマース関連株式オープン	みらい生活	アセットマネジメントOne
野村ブラックロック循環経済関連株投資	ザ・サーキュラー	野村アセットマネジメント
世界割安成長株投信(為替ヘッジなし)	テンバガー・ハンター	フィデリティ
ひふみワールド	NA	レオスキャピタルワークス

ジーやドミニオン・エナジーなど米国の電力会社です。

純資産が急増しているアセットマネジメントOｎｅの「グローバル・ハイクオリティ成長株式ファンド」は64％を米国、15％を中国株に投資し、日本株比重は2％に過ぎません。9月末時点の組入上位銘柄は1位がアマゾン、2位がマスターカード、3位がズームでした。

純資産が約6000億円の三井住友トラスト・アセットマネジメントの「次世代通信関連世界株式戦略ファンド（愛称：THE 5G）」の国別組入比率は米国株の65％に対して、日本株は8％です。

純資産が約5700億円の日興アセットマネジメントの「グローバル・プロスペクティブ・ファンド」は、破壊的イノベーションを起こしうる企業に投資する投信ですが、日本にそうした企業がないと思われたのか、日本株の組入比率は0・8％に過ぎず、米国株が84％組み入れられ、組入1位はテスラになっています。

同じ日興アセットマネジメントの「グローバル・ロボティクス株式ファンド」は、日本が強みを持つロボティクス領域に投資するため、米国株の45％に対して、日本株も30％組み入れられています。

日本の個人投資家が日本株投信を利食う一方、米国株投信や外国株投信への投資を増やしていることが、日米株の相対パフォーマンス格差に寄与しているといえます。

COLUMN

結局、S&P500を長期保有すればよいのか？

ウォーレン・バフェット氏（2020年に90歳）は2014年の株主への手紙で、「資産の10％を米国の短期国債、90％をS&P500指数に連動するインデックス型の投信に振り向けておけば、高い手数料を取るファンドマネージャーより長期で良い成績を上げられる」として、自分の死後、妻に残す信託財産の運用方法についてこうした指示を出したことを明らかにしました。

ウォーレン・バフェット氏と並ぶ著名投資家のジム・ロジャーズ氏（同78歳）も2020年6月に出版した『危機の時代』で、「多くの研究成果はほとんどのプロの投資家の投資パフォーマンスが株価平均より良くないことを示している。株式の場合、株価平均に連動する株式インデックスに投資したほうがいいことになる」と述べました。

アクティブ運用で大成功を収めた老獪なウォーレン・バフェット氏とジム・ロジャーズ氏がパッシブ運用を勧めることは、アクティブ運用で勝ち続けることがいかにむずかしいかを暗示します。プロ以上の銘柄選択がむずかしい個人投資家にとっては、S&P500のパッシブ運用が望ましいことを意味します。

世界最大の公的年金であるＧＰＩＦ（年金積立金管理運用独立行政法人）の過去10年間のアクティブ運用でも、ベンチマーク（株価指数）に対する超過収益率は外国株で年率プラス０・５３％、日本株でマイナス０・０９％なので、いかに長期的にベンチマークを上回るパフォーマンスを上げ続けることがむずかしいかわかります。

米国の株価指数の種類と見方

●米国の株価指数の種類

米国の株価指数は多数ありますが、ニューヨークダウ、ナスダック指数、Ｓ＆Ｐ５００の３本が最もポピュラーです。ニューヨークダウは30銘柄の価格平均であり、日本の日経平均に相当する一方、ナスダック指数とＳ＆Ｐ５００はＴＯＰＩＸと同じ時価総額加重平均です。ナスダック指数はナスダック上場の全銘柄が対象ですが、ナスダック上場の金融を除く時価総額が大きい100銘柄で構成されるナスダック100指数が、最強の株価指数といわれることもあります。

日本ではジャスダックやマザーズ指数が中小型株指数ですが、米国ではニューヨーク証券取引所やナスダックなどに上場している銘柄のうち、時価総額が上位1001位から3000位までの銘柄の浮動株調整後の時価総額加重平均型の株価指数であるラッセル2000が中小型株指数として最も有名です。

ニューヨークダウは景気敏感株の比率が高い一方、ナスダック指数はテクノロジー株の比重が高いので、両指数の比率が「景気敏感株 vs. テクノロジー株」の市場の物色の方向性を見るうえで注目されます。ただし、いずれの株価指数も米国経済や金融政策の動向を反映して動くので、4株価指数の過去10年間の月次変化率の相関係数は0・86以上と高くなっています。

株価指数はパッシブファンドの投資対象になると策定元に手数料が入るので、MSCIやブルームバーグ等を含めて、インデックス・ベンダーが様々な株価指数の策定を競い合っています。株価指数には経済政策が反映され、政権支持率との相関も高いので、より良く見える株価指数の策定は時の政権の関心事となります。上がりやすい株価指数に投資してもらい、国民の懐具合が豊かになれば、政権支持率も上がります。この観点で、株価指数は国家戦略商品といえます。

◉ニューヨークダウの歴史

２０１８年に上梓した『相場を大きく動かす「株価指数」の読み方・儲け方』に詳しく書いた話ですが、ニューヨークダウの歴史は、チャールズ・ダウとエドワード・ジョーンズが１８８２年にダウ・ジョーンズを設立し、１８８３年からウォール・ストリート・ジャーナルの前身であるカスタマーズ・アフタヌーン・レターの発行を始めたことに始まります。上場株式投資への関心を高めるために、ダウ・ジョーンズは株式市場のパフォーマンスを示す尺度としてニューヨークダウの計算を始めました。１８８４年7月3日に誕生したので、日経平均の前身である東証修正平均株価より65年長い歴史を持ちます。

ニューヨークダウが誕生した当初は11銘柄の株価の単純平均でした。19世紀の米国は鉄道の世紀であったため、11社のうち9社は鉄道会社でした。１８８６年1月にニューヨークダウは12銘柄になりました。現在、ニューヨークダウはダウ・ジョーンズ・インダストリアルアベレッジ（ＤＪＩＡ）と呼ばれ、工業株の平均になっており、ダウ運輸株は別の株価指数になっていますが、ニューヨークダウ誕生当時はダウ・ジョーンズ鉄道株平均と呼ばれていました。米国の経済成長に合わせて、鉄道より工業の重要性が高まったため、1896年からダウ・ジョーンズはダウ・ジョーンズ工業株価平均の発表を始めたのです。1896年10月7日からは毎日、ウォール・ストリート・ジャーナルに発表されるようになり、1916年10月4日にニューヨークダウは20銘柄に変更されました。そして、1928年10月1日に30銘柄（14銘柄は20銘柄からの継続で、16銘柄が新たに選ばれた）に拡張されました。

このときの構成銘柄にUSスティールが入っていましたが、1991年にウォルト・ディズニーに入れ替えられました。GEは12銘柄での算出開始時点からニューヨークダウに採用された銘柄でした。一度除外されましたが、1907年に再び採用されてからは110年以上構成銘柄の座を守ってきました。しかし、経営不振から2018年6月にニューヨークダウから除外されて、代わりにドラッグストアのウォルグリーンが採用されました。

◉ニューヨークダウの銘柄選定基準

2010年にダウ平均株価に関する所有権がダウ・ジョーンズ社からCMEグループに譲渡されて、2012年にS&Pダウ・ジョーンズ・インディシーズ社が算出するようになりました。ダウ平均株価には、ダウ工業株30種平均、ダウ輸送株20種平均、ダウ公共株15種平均の3つと、これらをあわせたダウ総合65種平均があります。

入れ替え実施日	追加	除外
	銘柄名	銘柄名
1976/08/09	Minnesota Mining & Manufacturing	Anaconda Copper Mining
1959/06/01	Aluminum Company of America	American Smelting & Refining
	Anaconda Copper Mining	Corn Products Refining
	Owens-Illinois	National Distillers Products
	Swift & Company	National Steel
1956/07/03	International Paper	Loew's Theatres
1939/03/04	American Telephone and Telegraph	International Business Machines
	United Aircraft	Nash Motors
1935/11/20	E.I. du Pont de Nemours	Borden
	National Steel	The Coca-Cola
1934/08/13	National Distillers Products	United Aircraft and Transport
1933/08/15	Corn Products Refining	Drug
	United Aircraft and Transport	International Shoe
1932/05/26	American Tobacco	Hudson Motor Car
	The Coca-Cola Company	Liggett & Myers Tobacco
	Drug	Mack Trucks
	International Business Machines	National Cash Register
	International Shoe	Paramount Publix
	Loew's Theatres	Radio Corporation of America
	Nash Motors	Texas Gulf Sulphur
	The Procter & Gamble	United Aircraft and Transport
1930/07/18	Borden	The American Sugar Refining
	Eastman Kodak	American Tobacco
	Goodyear Tire and Rubber	Atlantic Refining
	Hudson Motor Car	Curtiss-Wright
	Liggett & Myers Tobacco	General Railway Signal
	Standard Oil Co. of California	B.F. Goodrich
	United Aircraft and Transport	Nash Motors
1930/01/29	Johns-Manville	North American

注：1930年~2020年8月26日時点、組入れ当時の会社名を表示
出所：S&P Dow Jones Indices、各種報道よりみずほ証券エクイティ調査部作成

図表1-11：ニューヨークダウの構成銘柄の変遷

入れ替え実施日	追加 銘柄名	除外 銘柄名
2020/08/31	Salesforce	Exxon Mobil
	Amgen	Raytheon Technologies
	Honeywell International	Pfizer
2020/04/06	Raytheon Technologies	United Technologies
2019/04/02	Dow Chemical Company	DowDu Pont
2018/06/26	Walgreens Boots Alliance	General Electric
2015/03/19	Apple	AT&T
2013/09/23	The Goldman Sachs Group	Alcoa
	Nike	Bank of America
	Visa	Hewlett-Packard
2012/09/24	UnitedHealth Group	Kraft Foods
2009/06/08	Cisco Systems	Citigroup
	The Travelers Companies	General Motors
2008/09/22	Kraft Foods	American International Group
2008/02/19	Bank of America	Altria Group
	Chevron	Honeywell International
2004/04/08	American International Group	International Paper
	Pfizer	Eastman Kodak
	Verizon Communications	International Paper
1999/11/01	The Home Depot	Chevron
	Intel Corporation	Sears Roebuck
	Microsoft Corporation	Union Carbide
	SBC Communications	Goodyear Tire and Rubber
1991/05/06	Caterpillar	American Can
	J.P. Morgan	Navistar International
	The Walt Disney	USX
1987/03/12	The Boeing	Inco
	The Coca-Cola	Owens-Illinois
1985/10/30	McDonald's	American Tobacco
	Philip Morris	General Foods
1982/08/30	American Express	Johns-Manville
1979/06/29	International Business Machines	Chrysler
	Merck & Co	Esmark

ニューヨークダウは30銘柄だけで構成されているものの、構成銘柄は米国の広範な株式市場を代表するように選択されています。構成銘柄は株価平均委員会によって選択されます。厳格な定量的なルールに基づいているわけではありませんが、構成銘柄は通常、次の特性を有しています。

①時価総額が大型から超大型までの銘柄
②企業としての極めて高い名声
③数多くの投資家による関心
④持続的な成長
⑤米国で設立され、米国に本社がある
⑥売上の大半を米国内の営業活動から生み出している
⑦ニューヨーク証券取引所やナスダックに上場している（1999年11月以前はニューヨーク証券取引所上場銘柄のみが対象でしたが、それ以降はナスダック上場企業も採用されるようになっているという点で、日経平均が東証一部だけを組入対象にしているのと異なります）
⑧株価指数内においてセクターを代表する企業である

このように、ニューヨークダウの30銘柄は米国の上場株式市場の全体像を反映するように選ばれています。ニューヨークダウの主な目的は市場を測定することであり、その構成銘柄は、投資メリットがあるとの考えに基づいて選択されているわけではありません。ニューヨークダウの構成銘柄の平均採用年数は約30年になっています。ニューヨークダウの組入銘柄の株価水準のばらつきが日経平均ほど大きくないので、一部の銘柄の価格変動が株価指数に与える影響は日経平均ほど大きくない一方、銘柄数が30に過ぎないので、少数の銘柄の価格変動の影響は出ます。

◉米国産業の新陳代謝を示すニューヨークダウの銘柄入替

2020年8月24日にS&Pダウ・ジョーンズ・インディシーズはニューヨークダウの構成銘柄で、エクソンモービル、ファイザー、レイセオン・テクノロジーの除外、セールスフォース・ドットコム、アムジェン、ハネウェルの追加を発表しました。入替はアップルの4：1の株式分割に合わせて、8月31日に実施されました。

エクソンモービルは1928年からニューヨークダウの構成銘柄であり、2006〜2012年は米国企業で時価総額最大でした。除外時、エクソンモービルの時価総額は1600億ドル（約17兆円）と、日本の国際石油開発帝石の20倍近い規模がありましたが、アップルに比べれば10分の1以下になってしまいました。入れ替え後、ニューヨークダウ構成銘柄のエネルギー企業はシェブロンのみになりました。一方、セールスフォースは199

図表1-12：現在のニューヨークダウの構成銘柄

ティッカー	会社名	株価（ドル）	時価総額（10億ドル）	年初来リターン（%）	実績PBR（倍）	実績PER（倍）	実績ROE（%）
AAPL	アップル	119.1	2,024.1	63.6	29.2	34.5	73.7
MSFT	マイクロソフト	214.1	1,627.2	37.2	12.9	33.8	41.4
V	ビザ	210.4	466.0	12.6	12.5	38.0	36.0
WMT	ウォルマート	152.8	429.6	30.3	4.8	25.8	25.8
JNJ	ジョンソン・エンド・ジョンソン	144.7	379.1	1.9	5.9	21.8	27.7
JPM	JPモルガン・チェース・アンド・カンパニー	117.9	369.5	-12.4	1.2	12.1	10.0
PG	プロクター・アンド・ギャンブル	138.9	343.7	13.9	7.3	25.8	29.1
UNH	ユナイテッドヘルス・グループ	336.3	320.6	15.8	4.5	17.9	27.8
HD	ホーム・デポ	277.4	297.1	29.4	187.0	23.1	--
DIS	ザ・ウォルト・ディズニー・カンパニー	148.0	266.4	2.3	2.6	105.0	-3.3
VZ	ベライゾン・コミュニケーションズ	60.4	250.7	2.7	3.8	12.4	29.5
KO	コカ・コーラ	51.6	226.5	-3.6	11.3	25.2	44.7
CRM	セールスフォース・ドットコム	245.8	225.3	51.1	4.6	1,516.3	8.5
NKE	ナイキ	134.7	210.7	33.9	19.0	59.9	29.2
MRK	メルク	80.4	202.0	-9.5	7.2	14.7	41.1
INTC	インテル	48.4	194.5	-17.2	2.7	10.6	29.5
CSCO	シスコシステムズ	43.0	180.4	-7.3	4.3	14.7	28.8
CVX	シェブロン	87.2	175.8	-23.6	1.0	--	-11.2
MCD	マクドナルド	217.4	162.7	12.8	--	33.9	--
HON	ハネウェルインターナショナル	203.9	146.9	17.9	6.4	20.7	27.5
AMGN	アムジェン	222.0	130.9	-5.4	13.5	20.2	67.2
BA	ボーイング	210.7	122.2	-34.9	--	--	--
IBM	IBM	123.5	110.8	-3.0	5.1	10.4	40.4
MMM	3M	172.7	102.0	1.6	7.8	18.8	44.0
AXP	アメリカン・エキスプレス	118.6	97.1	-3.0	3.7	24.9	14.6
CAT	キャタピラー	173.6	95.1	21.0	5.4	21.1	22.2
GS	ゴールドマン・サックス・グループ	230.6	84.4	2.2	0.8	7.4	7.7
DOW	Dow	53.0	41.1	3.2	2.8	21.3	-15.7
TRV	トラベラーズ	129.7	34.1	-3.3	1.0	12.2	8.4
WBA	ウォルグリーン・ブーツ・アライアンス	38.0	33.8	-32.6	1.6	9.7	2.1

注：2020年11月30日時点、このリストは推奨銘柄でない
出所：ブルームバーグよりみずほ証券エクイティ調査部作成

9年創業で、2004年にニューヨーク証券取引所に上場したばかりでした。レイセオンはオーチス・エレベーターと空調のキヤリアをスピンオフした後のUTCの航空宇宙事業部門と防衛産業のレイセオンが統合して、2020年4月にできたばかりの企業でした。ニューヨークダウの銘柄入替は、米国の産業構造の新陳代謝と企業再編のダイナミズムを示すといえます。

◉ニューヨークダウと日経平均の比較

ニューヨークダウの30の構成銘柄はテクノロジー、ヘルスケア、サービス、金融、小売などの業種となっています。かつてはトランプ大統領が重視する自動車や鉄鋼株も入っていましたが、現在、両業種は1社も採用されていません。時価総額は米国企業として初の2兆ドルを一時超えたアップルがニューヨークダウ構成銘柄中最大ですが、最低でもウォルグリーン・ブーツ・アライアンスの338億ドル（3・5兆円）と、大型株だけが組み込まれています。

2020年11月末時点でニューヨークダウ構成銘柄のうち25社は時価総額が10兆円を超えていますが、日本株で時価総額が10兆円を超えているのは、トヨタ自動車、ソフトバンクグループ、キーエンス、NTTドコモ、ソニーの5社しかありませんでした。12月にN

TTドコモは上場廃止になるので、時価総額10兆円超の企業は4社に減ります。

ニューヨークダウも株価平均なので、株価がモノをいいますが、2020年11月末時点で、構成銘柄中株価が最も高いユナイテッドヘルス・グループと最低のドラッグストアのウォルグリーン・ブーツの株価の違いは約9倍に留まります。一方、日経平均の構成銘柄は、株価が最も高いファーストリテイリングと最も低いNTNで株価格差が390倍超もあります。株価水準の偏りの大きさが、日経平均で一部の銘柄の影響が出やすくなる理由です。

日経平均構成銘柄の日経平均の変化への寄与を計算する際には、みなし額面と除数が必要ですが、ニューヨークダウの構成銘柄にはみなし額面がないため、除数だけで計算できます。すなわち、構成銘柄のニューヨークダウの変化幅への寄与は、構成銘柄の株価変化額÷除数（現在0・152）で計算できます。

●日経平均とニューヨークダウはうさぎと亀の争い

日経平均は円ベースである一方、ニューヨークダウはドルベースであるうえ、細かい計算方法も異なるので、単純に両株価指数を比較することには意味がありません。しかし、1949年5月の日経平均の前身である東証修正平均株価の算出開始時にニューヨークダウと同水準だったため、長期的な視点から両株価指数の水準を比べることは一定の意味があるでしょう。

ニューヨークダウが1000ドルに達したのは、日経平均から12年も遅れる1972年11月でした。1980年代前半には第2次オイルショックからの世界景気の回復、金融緩和、外国人の日本株買いなどを背景に、日経平均は1984年1月に1万円台に乗せました。その後、1980年代後半に資産バブル相場に入ったので、日経平均は1987年1月に2万円台、1988年12月に3万円台と次々に大台が替わりました。日本の資産バブルのピークだった1989年末に、日経平均とニューヨークダウの差は3万6000ポイント強も開きました。ニューヨークダウが1万ドル台をつけるのは1999年3月とITバブル期まで待つ必要がありました。

その後、日本は資産バブル崩壊の後遺症が長期化し、日経平均の逆回転が始まり、大台を切り下げる展開になりました。日経平均はリーマンショック後の2008年10月にニューヨークダウと水準が逆転し、2012年9月に約4500ポイントも下回りました。日経平均が2万円台を回復するのに手間取るなか、ニューヨークダウは2017年2月に2万ドル台に乗せました。アベノミクスの株高で2015年1月に日経平均はニューヨークダウを再び抜き返しましたが、その後日経平均はニューヨークダウにさらに抜き返されて、いまや３０００ポイント以上の格差を付けられました。

●S&P500の銘柄選定法と新陳代謝

Ｓ＆Ｐ５００に採用されるためには、①米国企業、②時価総額が61億ドル以上、③浮動株比率が50％以上、④４四半期連続の黒字、⑤年間売買代金の浮動株調整後時価総額に対する比率が０・１以上などの条件があります。Ｓ＆Ｐは業種構成を考慮して、Ｓ＆Ｐ５００の銘柄入替を決めます。Ｓ＆Ｐ５００の銘柄入替は、Ｓ＆Ｐダウ・ジョーンズ・インディシーズのＳ＆Ｐ５００のニュース＆リサーチに掲載されます。

２０２０年5月に日本でもお馴染みのドミノピザとDexCom（医療機器）の採用と、

図表1-13：「日経平均—ニューヨークダウ」の推移

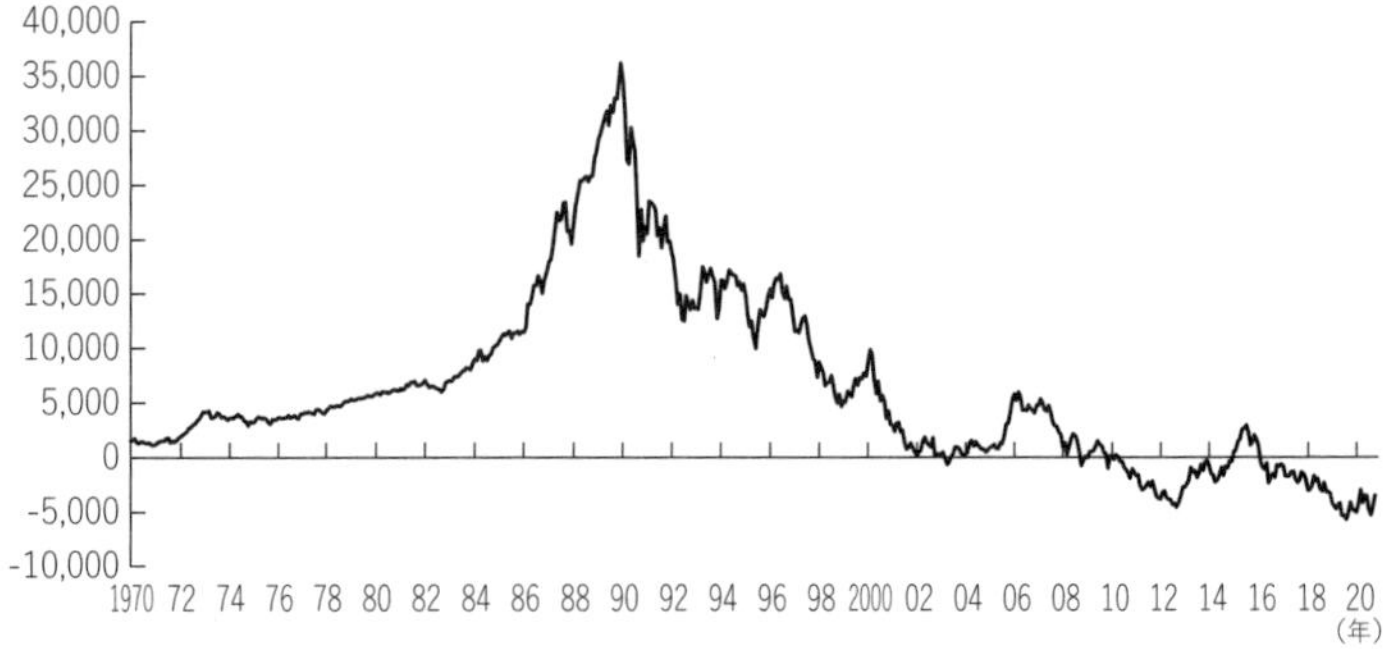

注：2020年11月30日時点
出所：ブルームバーグよりみずほ証券エクイティ調査部作成

Allergan（薬品）とCapri HD（消費裁量財）の除外が行なわれました。10月には水泳用品のプールが追加される一方、モルガン・スタンレーに買収されたオンライン証券のE*TRADE Financialが除外されました。テスラは④を満たしていなかったため、時価総額がS&P500組入銘柄のGM（General Motors）の約7倍あるのに、これまでS&P500に採用されてきませんでした。しかし、テスラは2020年2Q（Quarter＝四半期。第2四半期）決算でこの条件を満たし、12月にS&P500に採用されました。2002〜2019年にS&P500は年平均23銘柄（S&P500の4・6%）が入れ替えられ、新陳代謝がS&P500の強さにつながっています。

●S&P500の時価総額上位銘柄

2020年11月末時点のS&P500銘柄の時価総額ランキングを見ると、グーグル（アルファベット）、アマゾン、フェイスブック、アップル、マイクロソフトのGAFAM5社で全体の4分の1を占めます。これに、ウォーレン・バフェット氏のバークシャー・ハサウェイ、VISA、ウォルマート、ジョンソン&ジョンソン、JPモルガン・チェースの5社を加えると、上位10社でS&P500の時価総額の3分の1を占めます。

11〜20位には日本でもよく名前が知られた企業が入ります。P&G、マスターカード、

削除	
会社名	セクター
Noble Energy	エネルギー
E*TRADE Financial	金融
H&R Block	一般消費財・サービス
Coty	生活必需品
Kohl's	一般消費財・サービス
Harley-Davidson	一般消費財・サービス
Nordstrom	一般消費財・サービス
Alliance Data Systems	情報技術
Helmerich & Payne	エネルギー
Capri HD	一般消費財・サービス
Allergan	ヘルスケア
Raytheon	資本財・サービス
Macy's	一般消費財・サービス
Cimarex Energy	エネルギー
WellCare Health Plans	ヘルスケア
Affiliated Managers Group	金融
TripAdvisor	コミュニケーション・サービス
Macerich	不動産
Sun Trust Banks	金融
Viacom	コミュニケーション・サービス
Celgene	ヘルスケア
Nektar Therapeutics	ヘルスケア
Jefferies Financial Group	金融
Totak System Services	情報技術
Anadarko Petroleum	エネルギー
Foot Locker	一般消費財・サービス
Red Hat	情報技術
L3 Technologies	資本財・サービス
Mattel	一般消費財・サービス
Fluor	資本財・サービス
Brighthouse Financial	金融
Twenty-First Century Fox	コミュニケーション・サービス
Goodyear Tire & Rubber	一般消費財・サービス
Newfield Exploration	エネルギー
PG&E	公益事業
SCANA	公益事業

注：2020年10月30日時点
出所：S&P Dow Jones Indicesよりみずほ証券エクイティ調査部作成

図表1-14：2019年以降のS&P500の銘柄入れ替え

日付	追加	
	会社名	セクター
2020/10/12		
2020/10/09	Vontier	情報技術
2020/10/07	Pool	一般消費財・サービス
2020/09/21	Etsy	一般消費財・サービス
	Teradyne	情報技術
	Catelent	ヘルスケア
2020/06/22	Tyler Technologies	情報技術
	Bio-Rad Laboratories	ヘルスケア
	Teledyne Technologies	資本財・サービス
2020/05/22	West Pharmaceutical Services	ヘルスケア
2020/05/12	Domino's Pizza	一般消費財・サービス
	DexCom	ヘルスケア
2020/04/06	Otis Worldwide	資本財・サービス
	Carrier Global	資本財・サービス
2020/03/03	Gardner Denver	資本財・サービス
2020/01/28	Paycom Software	情報技術
2019/12/23	Live Nation Entertainment	コミュニケーション・サービス
	Zebra Technologies	情報技術
	STERIS	ヘルスケア
2019/12/06	Old Dominion Freight Line	資本財・サービス
2019/12/05	W.R. Berkley	金融
2019/11/21	Thermo Fisher	ヘルスケア
2019/10/03	Las Vegas Sands	一般消費財・サービス
2019/09/26	NVR	一般消費財・サービス
2019/09/23	CDW	情報技術
2019/08/09	Leidos HD	情報技術
	IDEX	資本財・サービス
2019/07/15	T-Mobile US	コミュニケーション・サービス
2019/07/01	MarketAxess HD	金融
2019/06/07	Bemis	素材
2019/06/04		
2019/06/03	Corteva	素材
2019/04/03		
2019/04/02	Dow	素材
2019/03/20		
2019/03/19	Fox	コミュニケーション・サービス
2019/02/27	Webtec	資本財・サービス
2019/02/15	Atomos Energy	公益事業
2019/01/18	Teleflex	ヘルスケア
2019/01/02	First Republic	金融

半導体のエヌビディア、ホームセンターのホームデポ、ウォルトディズニー、バンク・オブ・アメリカなどです。日本であまり知られていないヘルスケア企業のユナイテッドヘルス・グループが入りますが、同社はニューヨークダウ構成銘柄でもあります。

21～30位もよく知られた企業が多く、コロナ・ワクチン開発で有名なファイザー、ネットフリックス、ナイキ、コカ・コーラ、ペプシコなどが入ります。ニューヨークダウ構成銘柄になったセールスフォース・ドットコムもトップ30の企業です。

そして、31～40位の企業はインテル、ビデオ会議システムのWebexで再度知名度が上がったシスコ、日本にも店舗があるコストコホールセール、マクドナルド、オラクル、エクソンモービルなどです。S&P500の時価総額上位50社で約6割の比重を占めます。

◉最強の株価指数はナスダック100指数とNY FANG指数

ナスダック指数は2020年11月末時点で年初来36%上昇しましたが、それ以上に上昇したのが、ナスダックで金融を除く時価総額上位100社で構成されるナスダック100指数で、40%上昇しました。日本でも最強の株価指数などといわれ、個人投資家にETFなどが取引されています。大和アセットマネジメントの「iFree NEXT NASDAQ100インデックス」は、円ベースのナスダック100に連動するパフォーマンスを目指す投信です。

２０１８年８月末の設定以来、基準価格は約１・４倍に上昇しています。

２０２０年初来、ナスダック１００指数以上に上昇しているのが、NY FANG指数です。２０２０年11月時点の組入銘柄はFANG（フェイスブック、アマゾン、ネットフリックス、グーグル＝アルファベット）と、アップル、テスラ、ツイッター、エヌビディアという米国のテクノロジー８銘柄に加えて、アリババとバイドゥという中国２銘柄も含まれているのが特徴です。NY FANG指数は２０１４年９月19日を１０００として、等価比重で計算されます。

NY FANG指数の高い上昇率は、テスラの急騰に加えてアリババの上昇も寄与しています。大和アセットマネジメントの「iFree

図表1-15：NY FANG指数の組入銘柄

ティッカー	会社名	株価（ドル）	時価総額（10億ドル）	年初来リターン（%）	実績PBR（倍）	実績PER（倍）	実績ROE（%）
AAPL	アップル	119.1	2,024.1	63.6	29.2	34.5	73.7
AMZN	アマゾン・ドット・コム	3,168.0	1,589.6	71.4	18.9	92.2	25.0
GOOGL	アルファベット	1,754.4	1,189.0	31.0	4.7	30.8	17.5
FB	フェイスブック	277.0	788.9	34.9	6.3	29.8	23.9
BABA	アリババ・グループ・HD	263.4	712.6	24.2	6.3	54.8	18.1
TSLA	テスラ	567.6	538.0	578.4	25.3	679.7	5.0
NVDA	エヌビディア	536.1	331.8	128.1	21.9	76.6	28.8
NFLX	ネットフリックス	490.7	216.8	51.7	21.4	66.7	32.6
BIDU	バイドゥ	139.0	47.4	10.0	1.7	16.2	14.1
TWTR	ツイッター	46.5	37.0	45.1	4.5	--	-15.3

注：2020年11月30日時点、このリストは推奨銘柄でない
出所：ブルームバーグよりみずほ証券エクイティ調査部作成

NEXT FANG+インデックス」は円ベースのNY FANG指数に連動した投資成果を目指します。四半期ごとに同金額になるようにリバランスを行ないます。基準価格は2018年1月末の設定以来、約2倍に上昇しています。大和アセットマネジメントは「iFreeレバレッジNASDAQ100」、「iFreeレバレッジFANG+」というそれぞれの株価指数の値動きの2倍になるレバレッジ投信も販売しています。

●中小型株指数のラッセル2000

FTSE Russell社によって1984年から算出されているラッセル2000は、米国を代表する小型株指数です。ニューヨーク証券取引所やナスダック市場に上場している銘柄のうち、時価総額が上位1001位から3000位までの銘柄で構成し、浮動株調整後の時価総額加重平均方式で計算されます。1986年12月末を基準値135として算出されており、年1回銘柄入替が行なわれます。3000銘柄で構成されるラッセル3000、時価総額上位1000銘柄で構成されるラッセル1000もあり、ラッセル2000はラッセル3000－ラッセル1000という関係になります。ラッセル3000は米国で上場する銘柄の約98%をカバーします。中小型株を投資対象とするほとんどのファンドは、ラッセル2000をベンチマークにしています。

2020年11月末時点でラッセル2000に組み入れられている銘柄の時価総額合計は2・6兆ドル（約280兆円）に達します。上位組入銘柄はカジノのベン・ナショナル・ゲーミングやシーザーズ・エンターテインメントなどであり、ワクチン開発のニュースで株価が急反発しました。両社の時価総額は1兆円を超えており、日本株でいえば大型株といわれそうです。2019年末時点で、ラッセル2000の平均時価総額は25億ドル（2600億円）、中央値は8・2億ドル（860億円）でした。委員会によって銘柄が選ばれるS&P500と異なり、ラッセル2000は時価総額に基づいて機械的に選ばれます。ラッセル2000にリンクしたETFは運用各社から出されています。

◉不況時にはラッセル2000、好況時にはS&P500

CME（Chicago Mercantile Exchange）グループによると、長期的にS&P500とラッセル2000は相関係数が0・8と高く、1年ごとの相関係数は0・6〜0・96とレンジがあり、相関が高いときとそれほどでもないときがあります。

1979〜1983年にラッセル2000がS&P500を80%もアウトパフォームしたのは、インフレ&高金利に伴う景気後退局面で、中小型企業のほうが機敏に対応できると投資家が考えたためでした。レーガノミクスの景気拡大期だった1983〜1990年には、Ｓ＆Ｐ５００がラッセル２０００を91％もアウトパフォームし、１９７９〜１９８３年のアンダーパフォームを取り返しました。

湾岸戦争による景気後退があった１９９０〜１９９４年にはラッセル２０００がＳ＆Ｐ５００を約50％アウトパフォームしました。クリントン政権による景気拡大期だった１９９４〜１９９９年にはＳ＆Ｐ５００がラッセル２０００を94％アウトパフォームしました。ＩＴバブルの崩壊やイラク戦争等があった１９９９〜２０１４年にはラッセル２０００がＳ＆Ｐ５００を１１４％アウトパフォームしました。２０１４〜２０２０年にはＳ＆Ｐ５００の大型テクノロジー株が大きく上昇したことで、Ｓ＆Ｐ５００がラッセル２０００を50％以上アウトパフォームしました。

図表1-16：ラッセル2000のS&P500に対する相対パフォーマンスの推移

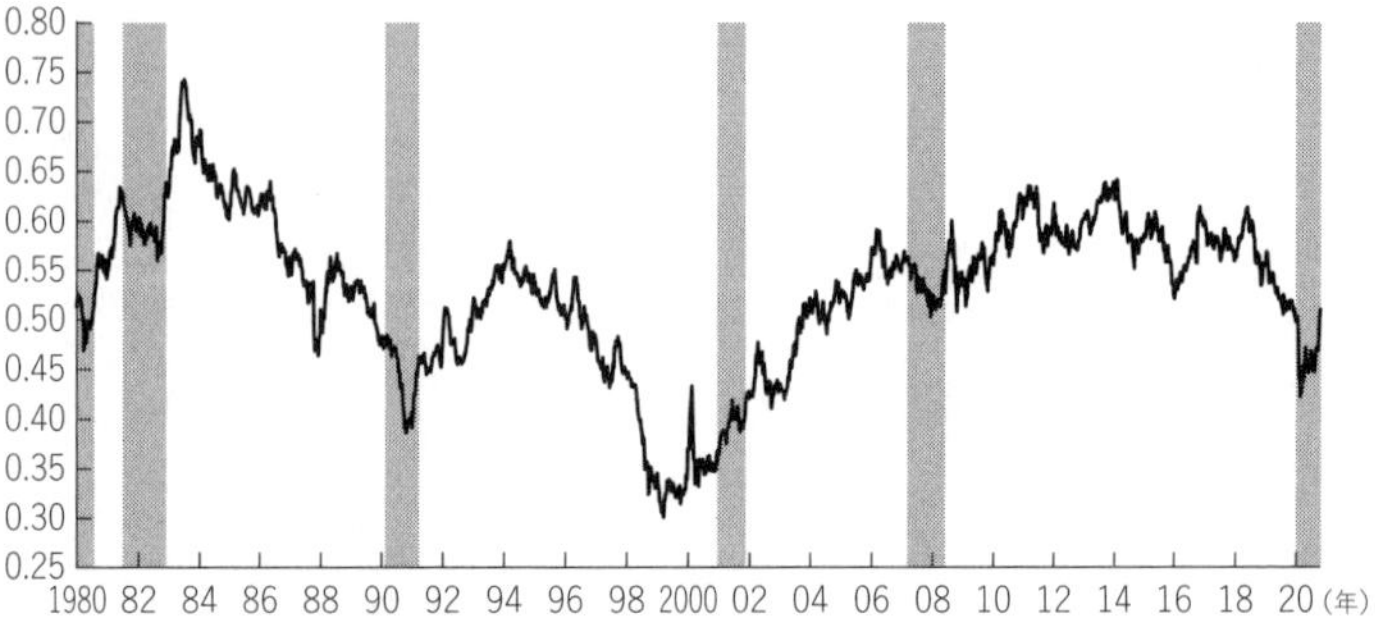

注：シャドウは米国の景気後退期を示す、2020年11月30日時点
出所：ブルームバーグよりみずほ証券エクイティ調査部作成

◉プロも見るValue Line株価指数

1931年に創業されたValue Lineは株価指数以外に約6000の株式、1・8万のミューチュアルファンド（米国の一般的な投資信託の通称）、20万のオプションなどの情報を提供しています。70人のアナリスト、リサーチャー、統計専門家が有料でリサーチ・レポートを提供しており、最も信頼される投資リサーチ会社と自称しています。株式市場のデイリーコメントは、Webで無料で読むことができます。

機関投資家向けのサービスは、次の3つに分かれます。「Pro Basic」は約1000の産業から時価総額が大きい1700銘柄の3年間のヒストリカル・レポートとデータが利用可能です。「Pro Premium」は時価総額が大きい1700銘柄に加えて、1700の中小型株の3年間のヒストリカル・レポートとデータが入手可能です。合計銘柄数は約3400で、時価総額は10億〜3000億ドル超、株式売買の95%をカバーします。「Pro Elite」は合計6000銘柄の過去5年のヒストリカル・レポートとデータを提供します。

Value Lineの株価指数はニューヨーク証券取引所、アメリカン証券取引所、ナスダック市場などに上場しており、Value Line Investment Surveyでカバーされる約1700銘柄で構成され、Value Line Geometric Composite Index（幾何平均）とValue Line Arithmetic Composite Index（算術平均）があります。

S&P500はGAFAM（グーグル＝アルファベット、アマゾン、フェイスブック、アップル、マイクロソフト）が約4分の1を占めるため、時価総額が大きい銘柄に左右され、ニューヨークダウは価格平均であるため、株価が高い銘柄に左右されます。一方、Value Line Geometric Composite Indexは個別銘柄の株価変化の中央値的な動きを反映するので、米国株の平均的な動きを知るのに役立ちます。

COLUMN

影響力を増すインデックス・プロバイダー

株価指数を計算するのは、日本では日経平均は日本経済新聞社、TOPIXは東証ですが、米国ではパッシブ化の流れを背景に、インデックス・プロバイダーやインデックス・ベンダーといわれる株価指数を計算する業者の勢いが増しています。

S&P500やニューヨークダウを計算しているのはニューヨーク市場取引所上場のS&P Global Inc.傘下のS&Pダウ・ジョーンズ・インディシーズです。S&P Global Inc.の2020年2Qの業績が大幅な増収増益になったのは、債券発行の急増の追い風があったことが主因ですが、最近はESGデータ事業を強化しています。S&P Global Inc. は２０２０年11月末時点で時価総額が８５０億ドル（約9兆円）もあるので、日本のメガバンク以上の大きさです。

個人投資家は馴染みがないかもしれませんが、世界株価指数ではＭＳＣＩが最も使われています。ＭＳＣＩは上場企業であり、過去5年間に株価が5倍以上に上昇して、時価総額が３４０億ドル（約３・６兆円）もあります。ＭＳＣＩの２０１９年の営業収入は前年比９％増の16億ドルで、営業利益率が48・５％と高いことに特徴があります。日本の公的年金を運用するＧＰＩＦも、ＴＯＰＩＸ以外にＳ＆ＰやＭＳＣＩなどの株価指数をベンチマークに採用しています。

世界的には８・５兆ドル以上の資金が様々な指数をベンチマークにパッシブ運用しており、そのファンド産業全体に占める比率は２００５年の14％から、２０１９年に41％に高まりました。インデックス産業はS&P Global Inc.、ＭＳＣＩ、ロンドン証券取引所が所有するFTSE Russellによって、２０１９年の37億ドルの売上のうち7割が支配されています。大手3社には膨大なデータ、歴史、ブランド認知の強みがあります。

国際的なインデックスは国や地域の資金フローにも影響を与えます。たとえば、２０１８年にＭＳＣＩが中国A株を新興国株価指数に組み入れたことで、２０１９年に８００億ドル（約8・４兆円）の海外資金が中国株式市場に流入したと報じられましたが、ＭＳＣＩは中国政府の圧力を受けたのではないかという噂を否定しました。しかし、２０２１年1月にトランプ政権が成立させた中国企業への投資禁止令が施行されるため、ＭＳＣＩは構成銘柄の見直しを検討しています。

米国株式市場の特徴

◉日米で異なる大型株の定義

日米で株式時価総額の規模が違い過ぎてしまって、大型株と小型株の定義も違ってきています。オンライン証券大手のチャールズ・シュワブのWebによると、大型株は時価総額100億ドル（1兆円）以上です。中型株は時価総額が20億～100億ドル、小型株は同3億～20億ドルです。2020年9月末時点で米国には時価総額100億ドル（約1兆円）以上の企業が約400社あるのに対して、日本企業で時価総額1兆円以上の企業は約120社でした。日本では時価総額1000億円以上を大型株と呼ぶことがあるので、米国株とは桁が1つ違っています。日本の株式市場は、米国投資家から中小型株の集まりだと見られるようになっています。

キャピタルグループのSMALLCAP World Fundは、世界の時価総額60億ドル（6300億円）以下の株式が中小型株だとして組入対象にします。2020年10月末時点でバンガードの「Mid-Cap ETF」（中型株ETF）の345の保有銘柄の時価総額の中央値は200億ドル（約2兆円）で、カメラ会社のSnap、スポーツウエアのルルレモン、電子署名のドキュサイン、タコスチェーンのChipotle Mexican Grillなどが上位保有銘柄でした。

なお、米国で株価が5ドル以下の株式は「ペニー・ストック」と呼ばれ、日本でいえば低位株です。

◉米国株の季節性について

米国では「Sell in May」（5月に売れ）ということわざが有名ですが、「Sell in May and Go Away」とか「Sell in May and Come Back in September」というもう少し長めの言い方もあります。5月の何週目に売って、9月の何週目に買ったらよいのかは明示されていませんが、一般には5月のメモリアルデイ（5月の最終月曜日）に売って、レーバーデイ（9月の第1月曜日）に買うとも言われます。ただし、皆が相場の季節性を意識すれば、早めの行動に出る投資家が増えて、季節性が早まります。ネットを検索すると、"Sell in May and go away" targets market activity between May 1 and Halloween（10月30日）というものもあります。夏休みに投資家が休みを取るから、夏場に安い傾向があるともいわれますが、本当の理由はわからないからアノマリーだともいえますし、期間の取り方によって、パフォーマンスは異なります。

以前は1月相場が高いという意味で、「January効果」と言われましたが、いまは1月よりも年末相場が高いことが知られています。

過去10年（2010～2019年）のニューヨークダウ、S&P500、ナスダック指数はいずれも5月と8月がマイナスのリターンになっています。過去10年に4月末に売って8月末に買う戦略を取ると、3株価指数は11～13%のリターンになる一方、8月末に売って4月末に買う戦略を取ると、ナスダック指数は平均プラス2%のリターンですが、他の2つの株価指数はマイナスのリターンになります。

逆に、過去10年でパフォーマンスが良い月は2月、7月、10月で、7月はサマーラリーという言葉が当てはまりそうです。過去20年

図表1-17：米国株価指数の長期の季節性

	S&P500					ニューヨークダウ				
月	総変化率（%）	平均月次変化率（%）	上昇回数	下落回数	上昇確率（%）	総変化率（%）	平均月次変化率（%）	上昇回数	下落回数	上昇確率（%）
1月	78.1	1.1	43	27	61	71.2	1.0	45	25	64
2月	5.9	0.1	39	31	56	18.3	0.3	42	28	60
3月	82.5	1.2	45	25	64	73.3	1.0	45	25	64
4月	103.9	1.5	50	20	71	131.7	1.9	48	22	69
5月	17.9	0.3	41	28	59	-6.8	-0.1	37	33	53
6月	-1.1	0.0	37	32	54	-20.1	-0.3	32	37	46
7月	73.6	1.1	39	30	57	85.9	1.2	44	25	64
8月	-3.0	0.0	38	31	55	-9.7	-0.1	39	30	57
9月	-32.0	-0.5	31	37	46	-46.6	-0.7	28	41	41
10月	55.7	0.8	41	28	59	41.6	0.6	41	28	59
11月	107.0	1.6	47	22	68	110.0	1.6	47	22	68
12月	100.3	1.5	51	18	74	104.2	1.5	48	21	70

注：1950 ～ 2019年
出所：Stock Trader's Almanac 2020よりみずほ証券エクイティ調査部作成

では9月のパフォーマンスが最も悪い一方、10～11月が良い傾向があります。『Stock Trader's Almanic 2020』（5827円出せばアマゾンで買ってKindleで読めます）という長期のデータブックによると、1950年1月～2019年5月の長期で、S&P500の月次パフォーマンスが最も良いのが11月、2番目が4月である一方、最悪は9月で、ワースト2が8月です。大統領選挙があった2020年11月に、S&P500は11%の上昇と大幅高になりました。ニューヨークダウだとパフォーマンスが良いのが4月、2番目が11月である一方、悪い月は9月、6月、8月、5月の順なので、「Sell in May」の傾向は昔からあったといえます。

●米国株価指数の連続上昇・下落ランキング

1971年以降のデータでニューヨークダウとS&P500の月次変化率で、連続上昇期間が最も長かったのは2017年4月～2018年1月の10カ月連続の上昇です。トランプ大統領の減税などを背景に、持続的な株高が続きました。トランプ大統領が株高は自身の経済政策の成果だと誇るのも頷けます。ナスダック指数は2017年6月に小幅下落したものの、その前後にそれぞれ7カ月連続で上昇しました。次いで連続上昇期間が長かったのが、クリントン政権下の1994年12月～1995年7月の8カ月連続でした。

逆に、ニューヨークダウの連続下落期間が長かったのは２００８年９月～２００９年２月のリーマンショック時の６カ月連続でした。この間、Ｓ＆Ｐ５００とナスダック指数は２００８年12月に小幅反発したので、連続下落期間にはなりませんでした。１９８１年４～９月のボルカーＦＲＢ議長による金融引き締め期にもニューヨークダウとＳ＆Ｐ５００が６カ月連続で下落しました。

１９８０年以降の週次データのＳ＆Ｐ５００の連続上昇期間が最も長かったのが１９８５年10月４日～12月20日で、レーガン政権下で財政赤字削減期待と金利低下を背景に、持続的に上昇しました。ニューヨークダウは１９９５年３月10日～５月12日の10週連続の上昇が最長で、クリントン政権下でメキシコ情勢の安定やＧ７のドル支援決定期待等を受けて上昇しました。ナスダック指数は１９８５年、１９８９年、１９９９年に11週連続の上昇が３回あります。

逆に連続下落期間はＳ＆Ｐ５００は２００１年２月２日～３月23日の８週連続で、ＩＴバブルの崩壊期間でした。ニューヨークダウとナスダック指数の最長連続下落期間は７週連続で２００１年と１９８０年２月15日～３月28日の２回あります。後者は当時有名な投機家・石油会社経営者だったバンカー・ハント氏による銀投機失敗などが原因でした。

ADVANTAGES ASSOCIATED WITH
LONG-TERM INVESTMENTS IN US STOCKS

第 2 章

米国株式市場と経済ファンダメンタルズとの関係

米国株投資でチェックすべき指標

◉S&P500の上昇は中長期的に企業収益の増加を反映

株価は短期的にはイベントや需給などでも動きますが、中長期的には景気や企業業績などの経済ファンダメンタルズを反映します。1999年末～2019年末の20年間にS&P500は約2・2倍に上昇しましたが、この間S&P500のEPS（1株当たり利益）は1999年の74ポイントから、2019年に141ポイントと約1・9倍に増えました。S&P500の上昇率と増益率の差はPERの上昇ということになりますが、中長期的に見ると、企業業績と株価指数はパラレルに動いています。

足元もS&P500のEPSは2015年の95ポイントから2019年に141ポイントと5割近くも増えた一方、TOPIXのEPSは2015年度82ポイント→2019年度80ポイントとほとんど横ばいでした。予想PERはS&P500で2015年19倍→2020年予想26倍と7ポイント上昇したのに対して、TOPIXの予想PERは17倍→20倍とS&P500の半分以下の小幅上昇に留まりました。

米国株が大手ＩＴ企業の業績拡大や、産業構造の転換による将来期待の高まりを背景に、ＥＰＳとＰＥＲともに拡大したのに対して、日本は旧態依然とした産業構造が中国経済の減速の悪影響を受けたうえ、アベノミクスは後期になると将来期待を高めることができませんでした。

株式市場は業績水準ではなく、業績予想の変化に反応します。とはいえ、大手証券のアナリストは担当する銘柄について５～10年先までの業績を予想して割引キャッシュフローモデルを使って適正株価を出したりしますが、Ｓ＆Ｐ５００の業績予想で議論されるのはせいぜい１～２年先までです。コロナ禍後の株価反発局面では、２０２０年の減益率ではなく、２０２１年の業績が２０１９年に比べて

図表2-1：S&P500とS&P500のEPSの長期推移

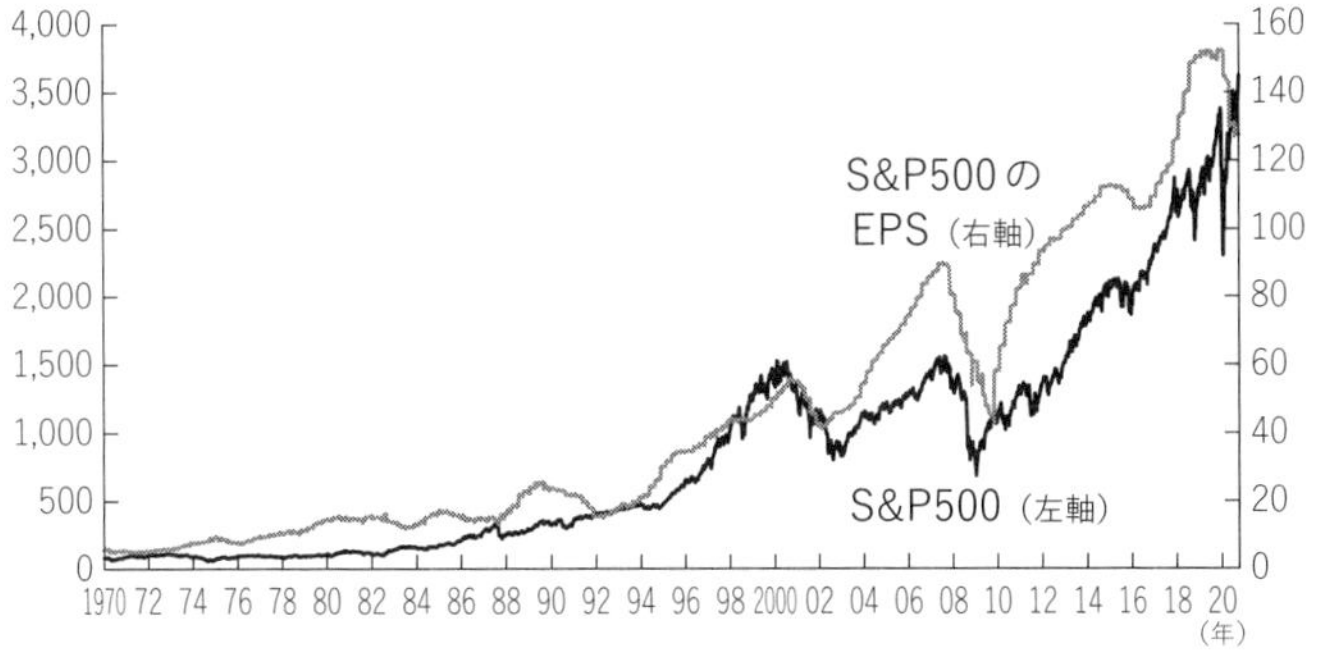

注：2020年11月30日時点
出所：ブルームバーグよりみずほ証券エクイティ調査部作成

どれほど戻るかが論点になりました。

◉予想PERとCAPE

２０２０年11月末時点のＳ＆Ｐ５００のコンセンサス予想ＥＰＳに基づくと、Ｓ＆Ｐ５００の予想ＰＥＲは２０２０年ベースが27倍、２０２１年ベースが22倍です。Ｓ＆Ｐ５００のＰＥＲの１８８０年以降の長期平均値は約16倍で、中央値が約15倍です。理論的にＰＥＲは金利が低下するか、期待成長率が上がると上昇します。足元も予想ＰＥＲだけではヒストリカルに割高ですが、国債利回りとの比較であるイールドスプレッドに基づくと割高でありません。

ＰＥＲの逆数である益回りと金利を比べるやり方は、「Ｆｅｄモデル」と呼ばれることがあります。長期的に超低金利が続く日本市場では、国債と株価のバリュエーションの裁定が効かなくなりましたが、米国ではまだ両資産間の裁定が働いているので、国債利回りが低下すると、予想ＰＥＲが上昇する傾向があります。コロナ禍以降の株価回復局面では、10年国債利回りが１％未満と低すぎるので、株式しか買う資産がないと言われました。

日本企業の決算期は3月期が最多で12月がそれに次ぎますが、米国企業の決算期はもっとばらけていて、たとえば、マイクロソフトの決算期は６月で２０２０年度４Ｑは６月末に終わるといった具合であるため、12カ月フォワードPERなどと1年先の予想PERを議論することが多くなっています。

2020年11月末時点でナスダック指数の予想PERは約70倍ですが、ナスダック市場には赤字続きの成長企業が多いので、ナスダック市場全体の予想PERの議論はあまりされません。予想PERの国際比較で米国は先進国のなかで断トツに高く、日欧が低くなっているのは、米国の経済および企業への成長期待の高さの反映といえます。

予想PER以外の株価指標としては1988年にエール大学のロバート・シラー教授が開発したCAPE（Cyclically Adjusted Price Earnings Ratio）が有名で、開発者の名前を取ってシラーPERとも呼ばれます。これは景気循環の

図表2-2：S&P500の予想PERとCAPEの推移

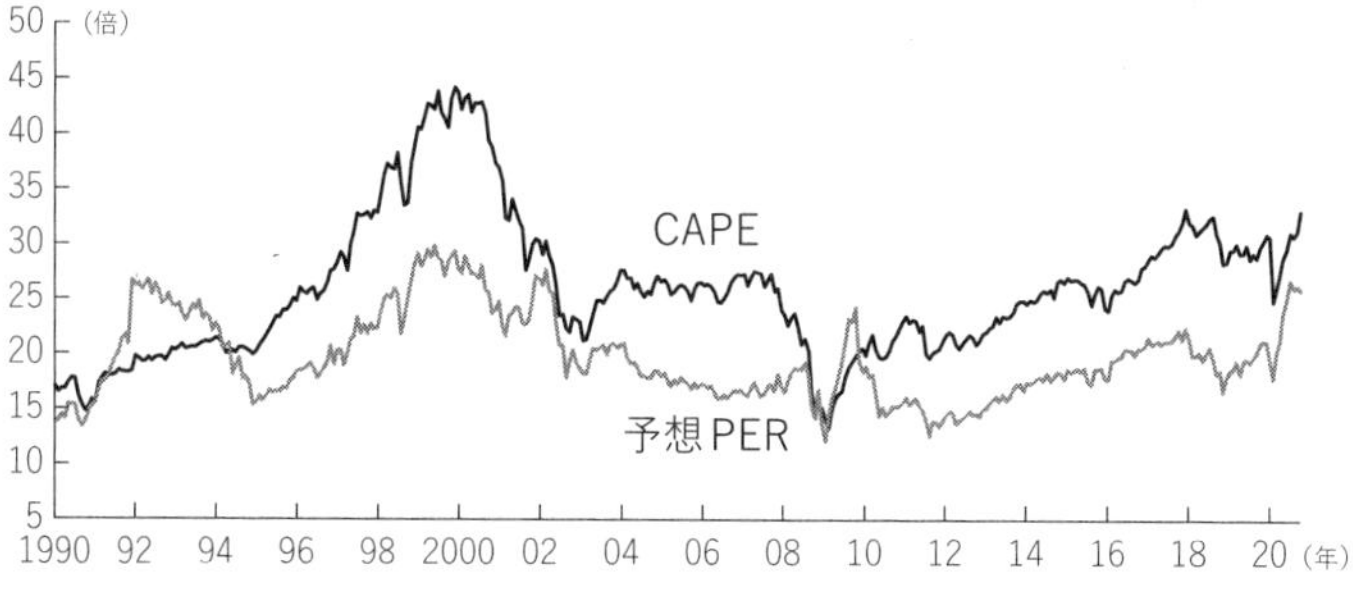

注：2020年11月時点
出所：Yale University　Robert J. Shiller、ブルームバーグよりみずほ証券エクイティ調査部作成

ＰＥＲへの影響を調整するために、過去10年間のインフレ調整後の1株当たり利益で株価指数を割って算出されます。１８７０年代からのヒストリカルデータがシラー教授のＷｅｂからダウンロード可能で、長期平均値の16・８倍に対して、過去最高はＩＴバブル時の１９９９年12月の44・2倍、直近値は２０２０年11月末の33・1倍でした。すなわち、Ｓ＆Ｐ５００はＣＡＰＥで見ても過去平均より割高ですが、金利との比較では割高でありません。

◉景気サイクルに先行するS&P500指数

日本の景気のサイクル（山と谷の日付）は内閣府が決めますが、米国ではＮＢＥＲ（National Bureau of Economic Research）が決めます。

日本は１９５１年以降16回の景気循環があり、平均景気拡大期間は38・５カ月でした。戦後最長の景気回復局面は２００２年2月〜２００８年2月まで73カ月続いた「いざなみ景気」でした。景気後退局面の平均期間は15・３カ月でした。

一方、米国の景気拡大は平均拡大期間が66・６カ月と日本より長い一方、景気後退期間は11・１カ月と日本より短い傾向があります。米国の戦後最長の景気拡大はリーマンショック以降、コロナショックまで続いた１２８カ月でした。

コンファレンス・ボード（Conference Board。「全米産業審議会」とも呼ばれ、アメリカ合衆国の経済団体や労働組合などで構成する非営利の民間調査機関）が発表している景気先行指数にS&P500が入っていることでわかるように、株価は景気に先行する傾向があります。2020年2月のコロナショックや1990年8月のイラクのクウェート侵攻のような突発的出来事がきっかけとなり、株価が急落すると、株価の景気に対する先行性はなくなりますが、S&P500は景気のピークに対して半年～1年先行することが多くなっています。

景気の谷に対して、S&P500は3カ月～半年程度先行する傾向がありますが、2000年のITバブル崩壊以降の景気後退局面では、ワールドコムの不正会計による破綻や

図表2-3：米国の景気サイクルとS&P500の先行性

景気拡大				
底	ピーク	拡大期間（月数）	S&P500のピークの時期	S&P500の先行性（月数）
10/1949	7/1953	45	1/1953	-6
5/1954	8/1957	39	8/1956	-12
4/1958	4/1960	24	1/1960	-3
2/1961	12/1969	106	11/1968	-13
11/1970	11/1973	36	1/1973	-10
3/1975	1/1980	58	11/1980	10
7/1980	7/1981	12	11/1980	-8
11/1982	7/1990	92	7/1990	0
3/1991	3/2001	120	3/2000	-12
11/2001	12/2007	73	10/2007	-2
6/2009	2/2020	128	2/2020	0
平均		**66.6**		**-5.1**

景気後退				
ピーク	底	後退期間（月数）	S&P500の底の時期	S&P500の先行性（月数）
7/1953	5/1954	10	9/1953	-8
8/1957	4/1958	8	12/1957	-4
4/1960	2/1961	10	10/1960	-4
12/1969	11/1970	11	5/1970	-6
11/1973	3/1975	16	10/1974	-5
1/1980	7/1980	6	4/1980	-3
7/1981	11/1982	16	8/1982	-3
7/1990	3/1991	8	10/1990	-5
3/2001	11/2001	8	10/2002	11
12/2007	6/2009	18	3/2009	-3
2/2020	NA		3/2020	
		11.1		**-3.0**

出所：NBERよりみずほ証券エクイティ調査部作成

同時テロ後の米国のイラク攻撃の懸念などを背景に、景気が底入れした後も、S&P500はなかなか下げ止まらないような時期もありました。

●ダウ輸送株平均にはさらなる景気先行性があるのか？

日経平均には運輸株が入っていますが、ニューヨークダウには運輸株は入っておらず、別にダウ輸送株平均が計算されています。フェデラルエクスプレスやアメリカン航空など大手20銘柄で構成され、ニューヨークダウと同じ価格平均で計算されます。ダウ輸送株平均はニューヨークダウより、景気に先行しているといわれてきましたが、リーマンショック時やコロナショック時のピークとボトムはほぼニューヨークダウと同じでした。コロナ禍後は、空運業界が構造的な打撃を受けるとの見方から、ニューヨークダウに比べて、ダウ輸送株平均は戻りが鈍くなっています。

運輸統計局（BTS）が発表する"BTS Freight Transportation Service Index"（航空貨物サービス指数＝TSI）のほうが景気に対する先行性があることが示されています。TSI指数からトレンドを除いた山谷は、景気に対して4カ月先行しています。景気回復（または悪化）の初期段階では、輸送比率が高い製品・サービスが先に動く傾向があるからといわれます。

TSI指数は米国内だけの空運の貨物および乗客の数量を測ります。自前の運用分は含まれず、外部に手数料を払って委託されたものだけをカウントします。TSIは空運だけを含みますが、ダウ輸送株平均にはレンタカーや鉄道会社等も含まれます。TSIが輸送数量だけを測っているのに対して、ダウ輸送株平均に含まれる企業は値上げで売上を増やしたり、コスト増で業績が悪化したりすることによる金額ベースの指数といえます。TSIが足元の数量だけに左右されるのに対して、ダウ輸送株平均は将来の運輸会社の業績に対する投資家の期待を反映します。

●景気サイクルごとの株式市場の物色

フィデリティの"The Business Cycle Approach to Equity Sector Investing"によると、景気サイクルごとにセクター物色には次のような特徴があります。

不況から回復する景気回復初期は経済回復の勢いが強く、株価パフォーマンスが最も良い傾向があります。1962年以降、景気回復初期に株価指数は1年間に20%超上昇しました。セクターでは借入増加から恩恵を受ける一般消費財、金融、不動産が最もアウトパフォームする傾向があります。工業やテクノロジーのパフォーマンスが続きます。工業は景気回復、テクノロジーは設備投資増加から恩恵を受けます。一方、ヘルスケアや公益などのディフェンシブ業種がアンダーパフォームします。景気回復初期にインフレ圧力は弱いので、エネルギーもアンダーパフォームします。

景気回復中期では、景気回復初期より経済成長率が鈍ります。景気回復中期は平均3年半続き、株価指数の年間リターンは13%です。循環物色が起こるので、セクター間のパフォーマンス格差は大きくありませんが、テクノロジー株がアウトパフォームする一方、素材や公益がアンダーパフォームする傾向があります。

景気回復後期は平均1年半続き、年平均株価変化率は6%です。インフレ圧力が高まり、エネルギーや素材が最もアウトパフォームします。景気減速懸念が出始めて、ヘルスケアや消費安定財もアウトパフォームする一方、インフレ率上昇で利益率が圧迫されて、テクノロジーや一般消費財がアンダーパフォームする傾向があります。

景気後退局面は平均1年弱ですが、株価は年率15%下落します。消費安定財、公益、ヘルスケアなどのディフェンシブ業種がアウトパフォームする一方、工業、テクノロジー、不動産などの景気敏感業種がアンダーパフォームします。

米国株の一極集中相場の歴史と特徴

◉GAFAM以外のS&P500のパフォーマンスはほぼ横ばい

2020年はコロナ禍をきっかけにナスダックのテクノロジー株が大きく上昇した年でしたが、こうした集中物色は過去に何度か起きています。①低金利や過剰流動性、②技術革新への期待、③個人投資家などによる株式需給の偏りなどが、集中物色の背景になることが多々あります。

日本の1980年代後半の資産バブル時にも、「ウォーターフロント開発」などのストーリーがつくられましたが、すべての株式市場のバブルはストーリーで始まるともいわれます。バブルには皆が信じられ、踊れるストーリーが必要ですが、今回はコロナ禍をきっかけにあらゆる面でデジタル化が進み、コロナウイルスが消えた後も会議にズームを使うなどの人々の行動様式は変わらないので、「ニューノーマル」が生じるといわれました。

1990年代後半のITバブル時代にはPERで説明できなくなり、奇想天外なバリュエーション手法が生み出されましたが、現在はGAFA株の予想PERもアマゾン以外は30倍台なので、まだバブルとはいえません。①コロナ禍下での米国テクノロジー企業の成長期待、②FRBバランスシートの急拡大、③「ロビンフッター」と呼ばれる個人投資家による活発な売買などが、2020年の一局集中の相場の背景でした。

2020年（11月末時点）に12％上昇したS&P500指数も、時価総額の4分の1を占めるGAFAM（グーグル＝アルファベット、アマゾン、フェイスブック、アップル、マイクロソフト）だけが約50％上昇しており、実はこの5社を除くとS&P500はほぼ横ばいです。S&P500の先行きを占ううえでも、現下の一極集中相場の持続性を見極めることが極めて重要なので、以下に戦後の米国のバブル相場と一極集中相場を振り返りましょう。

●"Soaring Sixties"（上昇する1960年代）

1959〜1960年には株式市場でグロースが合い言葉になり、新しい技術を持った成長株が集中的に物色されて、"Soaring Sixties"（上昇する1960年代）と呼ばれました。市場PERが10〜15倍のときに、IBMやTI（テキサス・インスツルメンツ）のような確立さ

図表2-4：2020年のS&P500のGAFAMとその他銘柄の時価総額推移

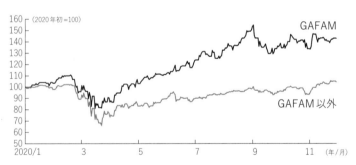

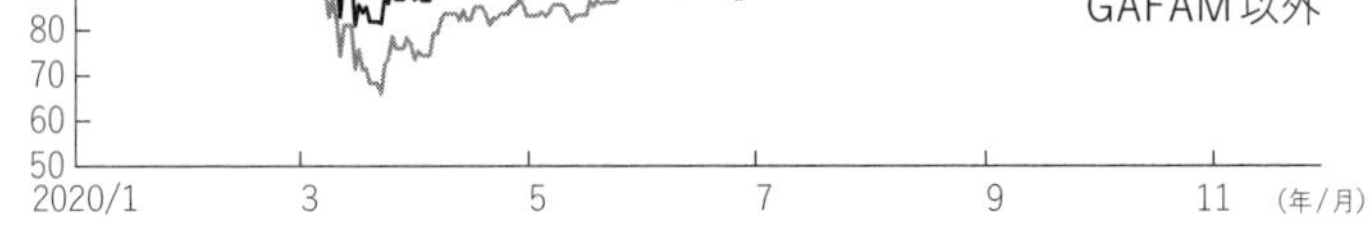

注：GAFAMはグーグル＝アルファベット、アマゾン、フェイスブック、アップル、マイクロソフト。2020年11月30日時点
出所：ブルームバーグよりみずほ証券エクイティ調査部作成

れた成長株がＰＥＲ80倍以上まで買われました。ＩＰＯもブームになり、投資家はエレクトロニクス関連の企業名が付いていれば、企業の実態を十分分析せずに殺到しました。現在社名にＡＩ関連の言葉が付いていれば、物色されるのと似た状況です。

しかし、ＩＰＯに絡んだスキャンダルやケネディ政権（1961年1月〜1963年11月）と経済界の摩擦などによって、1961年末にベアマーケット入りし、高値まで買われていた成長株中心に急落しました。

◉「ゴーゴー・ファンド」の時代

1960年代半ば〜後半には「ゴーゴー・ファンド」の時代が到来しました。大型ミューチュアルファンドが短期パフォーマンス狙いで一部の成長株に集中投資し、他の機関投資家も追随買いしました。

フィデリティのキャピタルファンドを運用したジェラルド・ツァイ氏が初のスター・ファンドマネージャーになりました。彼はテクニカル分析を多用し、市場の大きな上下変動のタイミングをとらえて売買するのが上手で、「早撃ちガンマン」と呼ばれました。そして、ポラロイドのような成長株を大量に買い集め、彼がポラロイドを売るのはジョンソン大統領（1963年11月〜1969年1月）が国債を空売りするようなものといわれました。ポラロイドやゼロックスのような何らかの成長ストーリーがある株は「コンセプト株」と呼ばれ、厳密な証券分析をするより他の投資家よりも早く買うことが大切と見なされました。ファンドマネージャーにも若者が多く、NSM（National Student Marketing）などのように、若者にサービスを行なう企業が好んで買われました。

しかし1968年末から、ベトナム戦争、金利とインフレの上昇を背景にベアマーケット入りとなり、「ゴーゴー・ファンド」の時代は終焉しました。ニューヨークダウは1968年12月の994ドルから、1970年5月に627ドルまで下落しましたが、30～50の人気成長株の株価は平均80％も暴落しました。その1つのユニバーシティ・テクノロジー株は186ドルから13ドルと、10分の1以下に急落しました。

●1970年代前半の「ニフティ・フィフティ」相場

1970年代に入ると、1960年代の投資行動を反省し、確立された大型優良企業を買おうという動きが強まりました。買う言い訳が付けやすい企業に資金が集まったのです。相変わらず成長株中心であり、1969～1970年のベアマーケットにもかかわらず、成長株への信頼が根強いことを反映しました。こうした一握りの株は「ニフティ・フィフティ株」（素晴らしき50銘柄）や、ワンディシジョン（いったん買った株は売却せず、長期保有していればよいという意味）などと呼ばれました。

一部の優良株が集中的に買われたので、こうした成長株のＰＥＲが上がり、１９７２年末には市場平均ＰＥＲ19倍に対して、「ニフティ・フィフティ株」のＰＥＲは40倍超まで上昇しました。マクドナルドやディズニー株のＰＥＲは80倍超まで上昇しました。高ＰＥＲは高い利益成長と高い流動性で正当化できると議論されました。一方、利益サイクルによって、売買タイミングを上手に計らなければならない鉄鋼、化学、自動車等の景気敏感株は低ＰＥＲのまま放置されました。

成長株の高ＰＥＲに警鐘を鳴らすアナリストもいましたが、警告にもかかわらず、成長株が上がり続けたので、彼らは徐々に投資家の信頼を失いました。ファンドマネージャーも顧客からバリュエーションが高くともパフォーマンスの良い成長株を組み入れるように圧力を受けました。優良成長株は機関投資家のポートフォリオに組み込まれてしまい、市場に出回らなくなる恐れが広まり、成長株の希少性が株価上昇に拍車をかけました。

●「ニフティ・フィフティ相場」崩壊のきっかけ

ニューヨークダウは１９７３年１月の高値１０５１ドルから、１９７４年12月には５７７ドルと約半値に下落し、１９３７～１９３８年のベアマーケット以来の下落率となりました。とくにそれまでの上昇率が高かった「ニフティ・フィフティ株」ほど下落率が大きくなりました。ポラロイド株は１９７２年高値１５０ドルから14ドルまで急落しました。マクドナルド株は77ドルから21ドルまで急落し、成長株のＰＥＲは軒並み急低下しました。

「ニフティ・フィフティ相場」を終焉させたのはインフレ、金利と石油価格の上昇などでした。投資家は当初こうした外的経済環境の悪化を無視して、次の成長株発掘に夢中でしたが、やがて逆境を直視せざるを得なくなりました。１９７４年のエリサ法（従業員退職所得保障法）制定によって、より慎重な投資を求められたことが機関投資家の投資行動を変えたともいわれました。

「ニフティ・フィフティ株」はバブルが弾

図表2-5：1970年代の「ニフティ・フィフティ株」の代表的な株

会社名	1970年06月		1972年12月			1973年12月		
	株価(ドル)	PER(倍)	株価(ドル)	PER(倍)	変化率(%)	株価(ドル)	PER(倍)	変化率(%)
HP	24	23	87	62	268	81	43	-7
ポラロイド	53	27	126	91	138	70	37	-45
P&G	47	18	112	32	137	92	26	-17
コダック	64	25	148	48	134	116	29	-22
マクドナルド	33	27	76	86	128	57	46	-25
JCペニー	41	19	90	34	120	72	23	-21
コカ・コーラ	69	32	149	46	114	127	36	-15
シアーズ	56	20	116	31	109	80	19	-31
ゼロックス	73	34	149	49	104	123	34	-18
エイボン	70	46	137	65	94	64	28	-53
DEC	56	37	92	60	65	102	42	11
IBM	250	30	402	37	61	247	25	-39
Kマート	37	23	49	54	32	33	29	-33
GE	68	39	73	26	8	63	20	-14
メルク	87	30	89	46	2	81	35	-9
ディズニー	117	31	119	82	1	47	29	-60
ニフティ50平均		**26**		**31**			**28**	
市場平均	**684**	**14**	**1,020**	**19**	**49**	**851**	**12**	**-17**

注：変化率は1970年6月～1972年12月、1972年12月～1973年12月の株価変化率
出所：井手正介著『アメリカのポートフォリオ革命』よりみずほ証券エクイティ調査部作成

けただけという見方がある一方、ウォートンスクールのシーゲル教授は異なる見方を示しました。1972年当時の「ニフティ・フィフティ株」とS&P500の益回り格差3%は、その後25年間のEPSの年平均成長率格差約3%で相殺されました。「ニフティ・フィフティ株」は割高に買われすぎたのは1972年ぐらいであり、それ以降は1990年代半ばまで割安に放置されてきたと分析しました。実際に1972年末のピーク時に「ニフティ・フィフティ株」を買っても、その後のパフォーマンスは市場全体とほとんど変わりませんでした。

●1999〜2000年のITバブルと崩壊

2020年のテクノロジー株の急上昇にも痺れるものがありましたが、1990年代後半のITバブルに比べれば、まだカワイイ上昇といえるかもしれません。ナスダック指数は1995〜1999年に5年連続で2割以上の上昇が続き、1999年に至っては1年間に86%も上昇しました。

ニューヨークダウが初めて1万ドルに達したのはITバブル期の1999年4月で、同年9月にはニューヨークダウの3万6000ドルまでの上昇を予想するジェームス・グラスマン氏などによる"Dow 36000"が出版されました。ナスダック指数は1995年1月から、ピークとなった2000年3月までに6・7倍に上昇しました。

急速なインターネットや携帯電話の普及などで、テクノロジー開発に対する期待が世界的に高まりました。当時すでにアマゾンも上場していましたが、注目されたIT株はシスコやオラクルなどで、シスコは約42倍、オラクルは約15倍に上昇しました。ちなみに、両社とも2020年のIT相場ではあまり注目されず、テクノロジー株のなかではオールドな企業と見なされるようになりました。

◉バブルの生成と崩壊のきっかけはいつも同じ

バブルをつくり出すのは、いつも技術革新への期待に加えて、大規模な金融緩和です。

図表2-6：FRBのFF金利とナスダック指数の推移

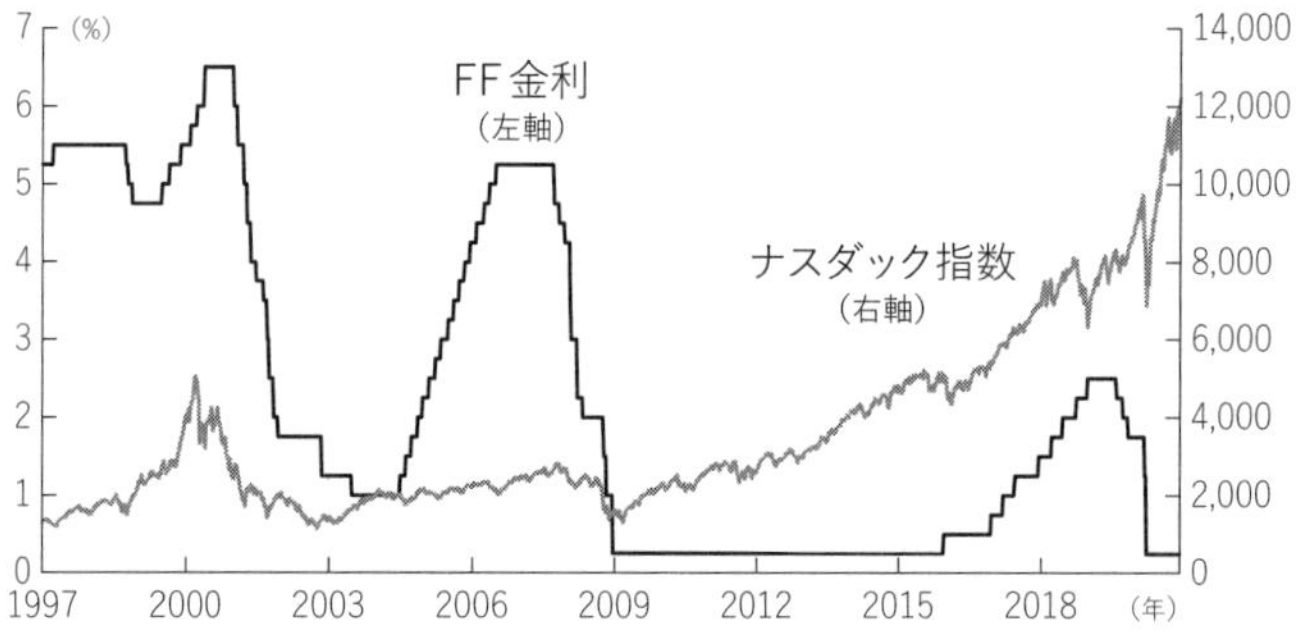

注：2020年11月30日時点
出所：ブルームバーグよりみずほ証券エクイティ調査部作成

ＦＲＢは景気過熱に対処するために、１９９７年3月にＦＦ金利を5・２5％↓5・5％と引き上げましたが、7月にアジア通貨危機が起きたため、１９９8年9月に利下げに転じて、１９９8年11月に4・７5％まで利下げしました。１９９９年6月に利上げに転じ、２０００年5月に6・5％まで引き上げましたが、利上げ初期では金融引き締めを無視して、テクノロジー株の上昇が続きました。グリーンスパンＦＲＢ議長が１９９6年12月に株式市場の過熱を「根拠なき熱狂」と警鐘を鳴らしましたが、その後も上昇が続いたので、グリーンスパンＦＲＢ議長は「生産性が高まった結果」、「１００年に一度の技術革新」と前言を翻したような言い方をしました。

しかし、２０００年初めの強力な金融引き締めに加えて、インターネット企業の企業業績が思ったほど伸びないとの見方も出て、ナスダック指数は２０００年3月のピークの5０48ポイントから２００2年10月の１１１4ポイントまで、約5分の１に急落しました。事後的にみれば、２００１年3〜8月が景気後退期間だったので、景気後退を織り込んでいたともいえます。

現在の米国株の強さはいつまで続くのか

◉アーク社の「テクノロジー時代のバリュエーション」とは

日興アセットマネジメントが「グローバル・プロスペクティブ・ファンド（愛称：イノベーティブ・フューチャー）」（2020年11月末時点の純資産：6990億円）、「グローバル・フィンテック株式ファンド」（同2500億円）などの運用に、米国のイノベーションにフォーカスした調査に強みを持つアーク社（ARK）の助言を活用しています。

そのアーク社は2020年5月に出した"Why Innovation Deserves A Strategic Allocation in Investor Portfolios"というレポートで、新時代の株価評価について以下のような趣旨のことを述べています。

〈2032年までに破壊的イノベーションが、世界の株式市場に50兆ドルの時価総額を加えるだろう。現在これらのテクノロジーは6兆ドル弱の価値しかないため、今後12年間に年率21%で増えることを意味する。1964～2016年にS&P500企業の平均寿命は33年から24年に短縮したが、2027年までに12年にさらに短くなるだろう。イノベーションが伝統的な世界秩序を破壊するペースが加速するので、S&P500の株式の入替も加速するだろう。割安株はバリュートラップのままだろう。テクノロジーに破壊されるリスクがある産業は大手医薬品、銀行、化石燃料エネルギー、自動車、通信、運輸、小売など、現在の株価指数で主流を占める産業だ。素早い変化は勝者と敗者を生む。伝統的なスタイル運用や対ベンチマーク戦略は、そうした破壊的な変化に対してポートフォリオをヘッジすべきだ。投資家は破壊的イノベーションに対してポートフォリオをヘッジするだけでなく、幾何級数的に成長する企業に対してエクスポージャーを持つべきだ。伝統的な株式分析手法では、将来の幾何級数的な成長のために短期的な利益を犠牲する革新的な企業をとらえることができない。伝統的な株式戦略は後ろ向きであり、過去の成功に基づく株式戦略は、イノベーションがもたらす将来の成長機会に乗れないだろう〉

●対照的な日米のIT投資

現在はAIやIoTなどの発展を背景とする第4次産業革命が進行中といわれます。IT投資については、2016年までの10年間に米国のIT投資が実質50%以上伸びたのに対して、日本のIT投資は7%しか伸びませんでした。IT投資の規模が大きいと、それを提供するための様々なテクノロジー企業が育ちます。日本のIT投資の遅れはコロナ禍での現金給付の手間取りなどで明らかになったため、2020年9月に誕生した菅政権は、デジタル化の推進を政策の優先事項に挙げました。

その背景には、米国では従業員の解雇をしやすいので、人をIT機器で代替するのが容易である一方、日本は正社員の解雇がむずかしいので、従業員をIT機器で代替するのに時間を要するという面があります。また、米国企業にはIT投資をする企業側にも最先端のIT技術を理解したエンジニアが多くいる一方、日本ではITのエキスパートはIT企業側に多く、受入企業側に少ないので、SIベンダーの言うがままのIT投資をしてしまい、それがレガシーとして残って新陳代謝を阻害するといったことがあります。

2020年4月に三菱UFJフィナンシャルグループで東大理系修士の亀澤宏規社長が誕生し、メガバンク初の理系トップとして話題になりましたが、米国大手テクノロジー企業ではエンジニアとファイナンスのダブル修士号を持ったCEOが相次いで誕生しています。マイクロソフトのサティア・ナデラCEOは、ウィスコンシン大学の情報科学の修士と、シカゴ大学のMBAを持っています。アルファベットのサンダー・ピチャイCEOも、スタンフォード大学のエンジニアリングの修士とペンシルバニア大学のMBAを持っています。日本企業の社長には営業や工場の現場出身者が多いですが、急速にテクノロジーが進展する現在はサイエンスまたはエンジニアリングと、ファイナンスの高度な知識が必要になったといえます。ナデラCEO（53歳）とピチャイCEO（48歳）はともにインド人ですが、日本の大企業の社長に、若いインド人が就くことが想像できるでしょうか？　IT投資の差の結果、2018年までの10年間の生産性の年平均伸び率は米国が0・9％と、日本の0・6％を大きく上回りました。日本の賃金伸び率が小さいのは、生産性も低いからだと長年いわれてきました。

◉ニューヨークダウの長期サイクルと経済パラダイム

米国株は長期的に見ると、経済のパラダイムシフトを背景に、10～20年の長期的なサイクルがあります。

戦前は1929年の大恐慌前の急騰と急落

図表2-7：日米のIT投資の推移

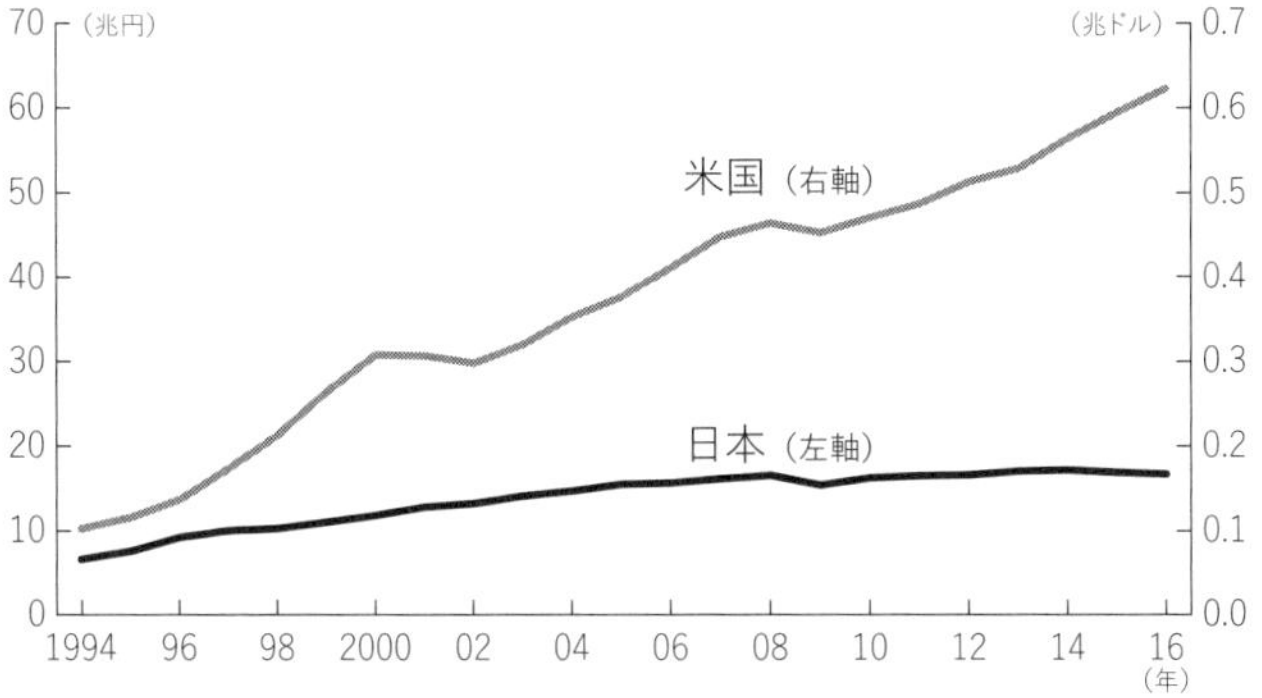

出所：総務省「情報通信白書」よりみずほ証券エクイティ調査部作成

がありましたが、長い目でみれば、ニューヨークダウは100ドル前後の推移でした。国際情勢の緊張、インフレ、経済政策の不整備などが長期的な株価停滞の背景でした。

ニューヨークダウが大恐慌前の高値を抜くには1954年までかかりましたが、戦後復興や海外経済の成長などを背景に、ニューヨークダウは大きな上昇局面に入りました。1942年に100ドル台だったニューヨークダウは、1966年に約10倍の1000ドルまで上昇しました。

しかし、1966〜1982年にニューヨークダウは10年以上にわたって、1000ドル前後で推移しました。株価が停滞した最大の要因は、インフレ高進によりPERが押し下げられたことでした。労使関係も協調から対立へ変化しました。S&P500ベースで1957〜1981年にEPSは約3倍に増えましたが、PERは18倍から8倍弱へ低下しました。米国では外的なサプライショックを除けば、株価が下落するのはインフレ↓金融引締め↓景気後退という局面が多くなっています。

米国は1965年ベトナムに介入したうえ、社会福祉を充実させるという「大砲もバターも」の政策を推進したため、財政赤字が拡大しました。1973年の石油危機はエネルギー集約的な米国の生産方式の優位性を大きく揺るがし、スタグフレーションが起きました。1962年の鉄鋼の貿易収支赤字化、1968年の自動車の貿易収支赤字化に続き、

1971年には約100年ぶりに貿易収支全体も赤字に転落し、「パックス・アメリカーナの終焉」といわれました。1975年のサイゴン陥落は米国の対外的威信を大きく傷つけ、経済状況の悪化と相まって、社会的な閉塞感が広がりました。

●「ニューヨークダウ10倍の法則」

ニューヨークダウが1983年の1000ドル台から、1999年に1万ドルと再び10倍に上昇したのは、ボルカーFRB議長によるインフレ抑制、レーガノミクスやクリントン大統領の政策による経済成長、コーポレートガバナンスの改善などが背景としてありました。レーガノミクスで強い米国の資本主義が復活しました。りそなアセットマネジメン

図表2-8：ニューヨークダウの長期推移

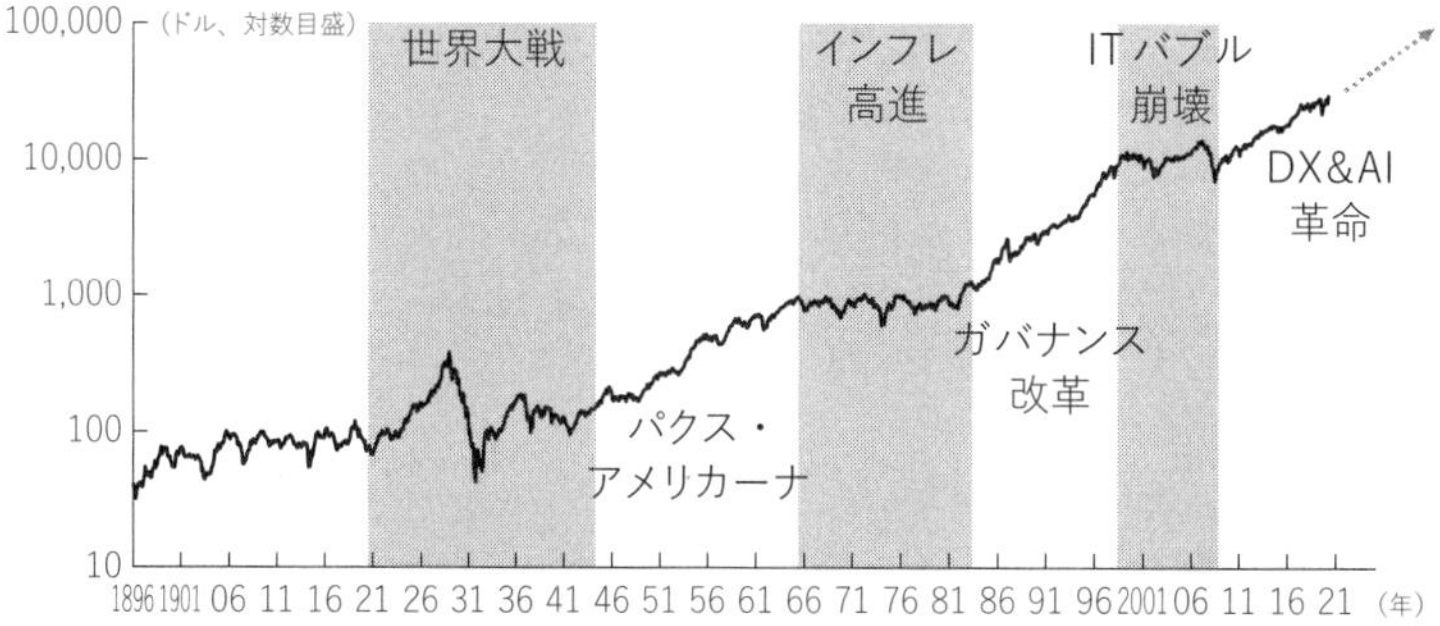

注：シャドウは株価指数の長期ボックス圏。矢印は10万ドルを目指す場合のトレンド
出所：ブルームバーグよりみずほ証券エクイティ調査部作成

トの黒瀬浩一チーフストラテジスト兼チーフエコノミストは、米国株価の長期波動の決定要因として、資本と労働の相対的力関係と米国の覇権の安定性が二大要素だと指摘しています。2000年のITバブル崩壊以降、2008年のリーマンショックもあり、ニューヨークダウは2012年まで1万ドル前後の動きが続きました。

ニューヨークダウは2009年3月を大底に2020年3月にコロナ危機で急落するまで、約4倍に上昇しましたが、「10～20年で10倍の株価上昇」という経験則に基づくと、ニューヨークダウは10万ドルを目指す途中にあるのかもしれません。世界的な超低金利による金余り、AIやIoTなどを背景とする第4次産業革命が株価上昇の背景です。

ニューヨークダウは2020年2月に2万9550ドルまで上昇した後、3月に一時2万ドル割れになりましたが、その後一本調子に回復し、11月24日に初めて3万ドルを超えました。いずれにせよ、ニューヨークダウには経済や産業構造の長期変化を背景にした長期サイクルがあるので、その趨勢を見極める必要があります。

米国株式市場に多大な影響を与えるFRBの金融政策

◉金融緩和は長期にわたって維持される見込み

「中央銀行に逆らうな」という言葉がありますが、英語で言えば、"Don't fight the central banks"、米国に限って言うと、"Don't fight the Fed"ということになります。

長年のマイナス金利で金融政策が効きにくくなっている日本と異なり、金利がまだある米国では金融政策の有効性が維持されています。コロナ禍後に景気が大きく落ち込んだにもかかわらず、米国株が急反発したのは、FRBの大規模な金融緩和の効果です。米国10年国債利回りは2020年初の2％弱から、8月に過去最低の0・5％台に低下し、国債利回りとの比較で、「株式しか買う資産がない」と言われました。

FRBのバランスシートはコロナ禍前の4兆ドル台から、5月に約7兆ドル（約700兆円）と6割強も増え、その後も7兆ドル前半で高止まりしています。FRBのバランスシートは毎週水曜日時点の数字が翌木曜日にWebで発表されて、市場の注目を集めます。FRBは景気の先行き見通しに慎重なので、長期間にわたって金融緩和を維持すると予想されていることが、株式市場を支えました。FRBは2020年9月にゼロ金利政策を2023年末まで維持する方針を示しました。今後も実質マイナス金利が株式市場を支えると予想されています。

◉パウエル議長の任期は2022年2月まで

　ＦＲＢは日銀と異なり、ＥＴＦを購入していませんが、米国は社債市場が大きいので、２０２０年３月にＣＰを最大１兆ドル、５月に社債を同７５００億ドルの購入を決めたことが好感されました。

　米国ハイイールド社債と国債の利回りの格差（クレジット・スプレッド）の縮小が株高材料と見られます。日本は政府も日銀も２％の物価目標を諦めているので、コアＣＰＩ変化率が再びマイナスに陥っても、両者に緊張は走りません。しかし、パウエルＦＲＢ議長はトランプ大統領から様々な圧力を受けるので、大変な仕事だと同情されました。

　日銀は国債やＥＴＦの購入額が目標を大幅に下回っていても、暗黙のテイパリング（金

図表2-9：FRBのバランスシートとS&P500の推移

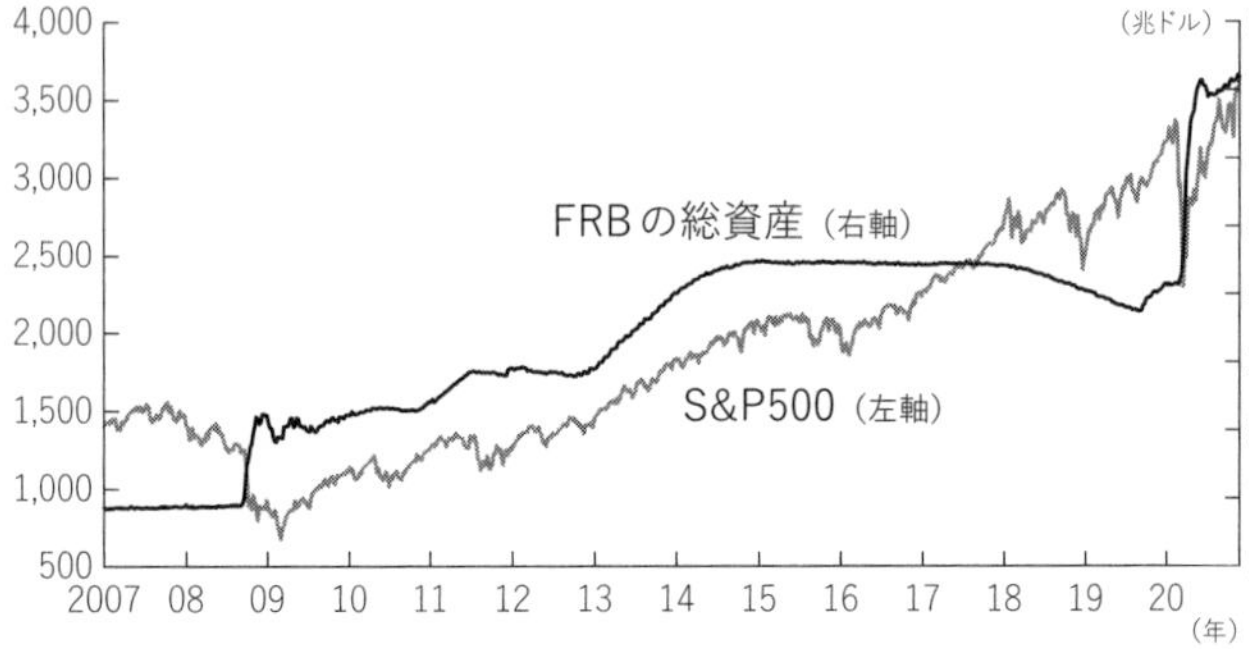

注：2020年11月25日時点
出所：ブルームバーグよりみずほ証券エクイティ調査部作成

融緩和の縮小）だとして市場から受け入れられていますが、世界中の投資家が注目するFRBは明確な言葉で市場とコミュニケーションすることが求められます。FRBの発表文やパウエル議長の記者会見の言葉をAIのテキスト・マイニング技術で分析して、金融政策の方向性を予想することも行なわれています。

景気が悪くなっても、FRBの金融緩和が株式市場を救ってくれるとの考え方は、「FRBプット」と呼ばれます。振り返れば、2013年6月には当時のバーナンキ議長が債券購入額を減額する発言をしたことで株価や新興国通貨等が急落した「バーナンキ・ショック」が起きました。中央銀行の政策だけが、株式市場の決定要因ではないものの、株価は名目値であるため、極めて重要な決定要因といえます。

日銀総裁の任期は5年間ですが、FRB議長の任期は4年間で、パウエル議長の任期は2022年2月までです。FRB議長は大統領が指名し、議会上院が承認しますので、2021年末にはパウエル議長が留任するのか、交替するのかが市場の話題になるでしょう。

注目すべき米国の経済指標

●ISM製造業指数とISM非製造業指数

テレビ東京の「モーニングサテライト」では、FRBなどの様々な経済指標が報じられ、市場予想に比べて良かったか悪かったかで、株式市場が反応したとの説明がされます。月次の経済指標で最も注目されるのが月初に発表されるISM製造業指数とISM非製造業指数でしょう。前者は米国供給管理協会（Institute for Supply Management＝ISM）が、製造業約350社の仕入れ担当役員にアンケートを実施して発表されます。同じく月初に発表される雇用統計も注目度が高いですが、雇用統計は経済の遅行指数である一方、ISMは先行指数と見なされています。ISM指数は50％を超えていれば景気拡大、下回ると景気後退という単純な指標です。

しかし、日経平均と日銀短観DIなどとの関係と異なり、ISM製造業指数とS&P500の相関は低くなっています。日経平均が長期間ボックス圏であるため、0を中心としてプラスマイナス100の範囲で動くDIと相関が出やすい一方、S&P500は基本的に右肩上がりなので、50を中心に40～60の範囲で動くことが多いＩＳＭ指数との相関係数は０・０３と低くなっています。ＩＳＭ指数を前月比変化としても、Ｓ＆Ｐ５００との相関は依然低いままです。

Ｓ＆Ｐ５００との相関係数はいずれも低いですが、相対的にはフィラデルフィア連銀製造業活動指数との相関のほうが高くなっています。ＩＳＭ指数が最も注目されるため、ＩＳＭ指数の予想に、他の連銀指数を使うエコノミストも少なくありません。株式市場はコンセンサス予想の変化に反応するといえます。"Consensus Economics Inc"の集計によると、米国の２０２０年の実質ＧＤＰ成長率予想のコンセンサスは６月のマイナス５・６％を底に、11月にマイナス３・７％まで上方修正されて、景気が懸念されるほど悪くないと見なされたことが、株価上昇につながりました。

●アトランタ連銀の"GDPNow" vs. ニューヨーク連銀の"Weekly Economic Index"

米国には50州ありますが、地区連銀数は12行です。連銀同士も様々な指標を出して競い合っているともいえます。ＦＯＭＣの投票権を持つのは７人の理事と、５名の地区連銀総裁です。ニューヨーク連銀総裁はいつも投票権を持っていますが、他４名は毎年替わります。

ＧＤＰ統計は四半期統計ですが、アトランタ連銀はデイリーで“GDPNow”を発表しており、足元の景気がどちらに向かっているかを投資家がこの指標で見ています。ニューヨーク連銀は“Weekly Economic Index”（ＷＥＩ）を発表しており、コロナ禍後にＳ＆Ｐ５００の戻りがＷＥＩよりも大きかったので、弱気派からはファンダメンタルズを反映した株価形成になっていないなどと指摘されました。

なお、年に８回開催されるＦＯＭＣの２週間前の水曜日には、12行の連銀が管轄する地区の経済状況をまとめた「ベージュブック」（日銀の「さくらレポート」に相当）を発表しますが、ヘッドラインを読む程度で、じっくり読んでいるファンドマネージャーは少ない気がします。

図表2-10：ニューヨーク連銀のWeekly Economic IndexとS&P500

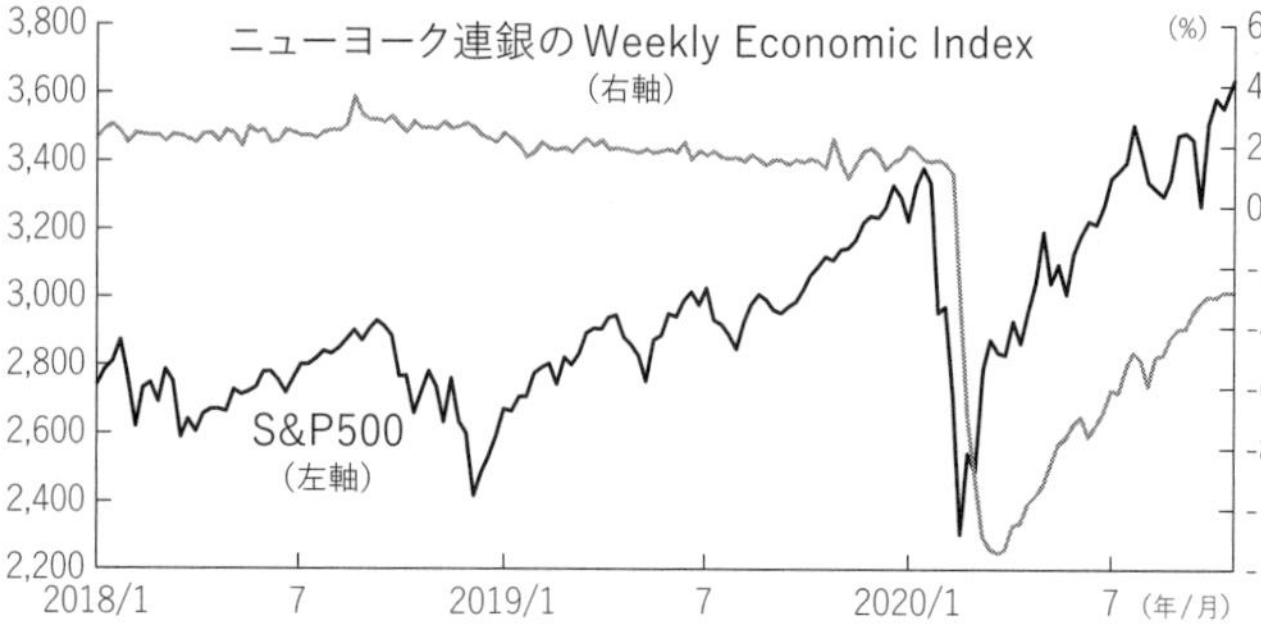

注：2020年11月30日時点
出所：ブルームバーグよりみずほ証券エクイティ調査部作成

コロナに伴う人々の行動変化は、米国の地域ごとに細かく発表されるアップルの"Mobility Trends Reports"がよく見られています。コロナの感染状況は、毎朝ジョンズ・ホプキンス大学のＷｅｂでチェックするというファンドマネージャーがいます。ただし、こうした経済指標は誰でも取れるデータなので、マクロ・ヘッジファンドなどはＰＯＳや衛星写真など高価なオルタナティブ・データを買って、株式や為替取引に活用するところもあります。

◉ＧＤＰと株式時価総額を比較する「バフェット指標」

東証一部の時価総額も６７０兆円まで増えましたが、Ｓ＆Ｐ５００の時価総額はその５倍の31兆ドル（約３３００兆円）もあります。株式時価総額を名目ＧＤＰ比で割った値は、ウォーレン・バフェット氏が注目していたことから、「バフェット指標」と呼ばれます。時価総額には日本ではＴＯＰＩＸが使われることが多い一方、米国ではＳ＆Ｐ５００よりカバレッジが広いWilshire5000のほうが望ましいとされることがあります。

バフェット氏は２００１年のインタビューで、時価総額をＧＤＰで割った値がマクロの観点から株価バリュエーションを測るのに好ましい指標だとして、同指数が70～80％であれば良い買い場である一方、１９９９年や２０００年初めのように２００％に近ければ割高と述べました。80～130％程度が中立ゾーンと見られています。

コロナ禍で名目GDPが大恐慌以来の落ち込みになったので、一時的要因をどう処理するかむずかしい局面ですが、米国は2019年の名目GDP21・4兆ドルに対して、2020年9月のS&P500の時価総額が29兆ドルだったため、バフェット指標は135％と若干割高だといえます。日本は名目GDP540兆円に対して、TOPIXの時価総額が585兆円だったため、バフェット指標は108％ということになります。

みずほ証券の日本株のトップダウン業績予想モデルでも、名目GDPなどを説明変数に使っていますが、企業収益がグローバル化しているので、1カ国の名目GDPと、企業収

図表2-11：主要国の株式時価総額の名目GDP比の推移

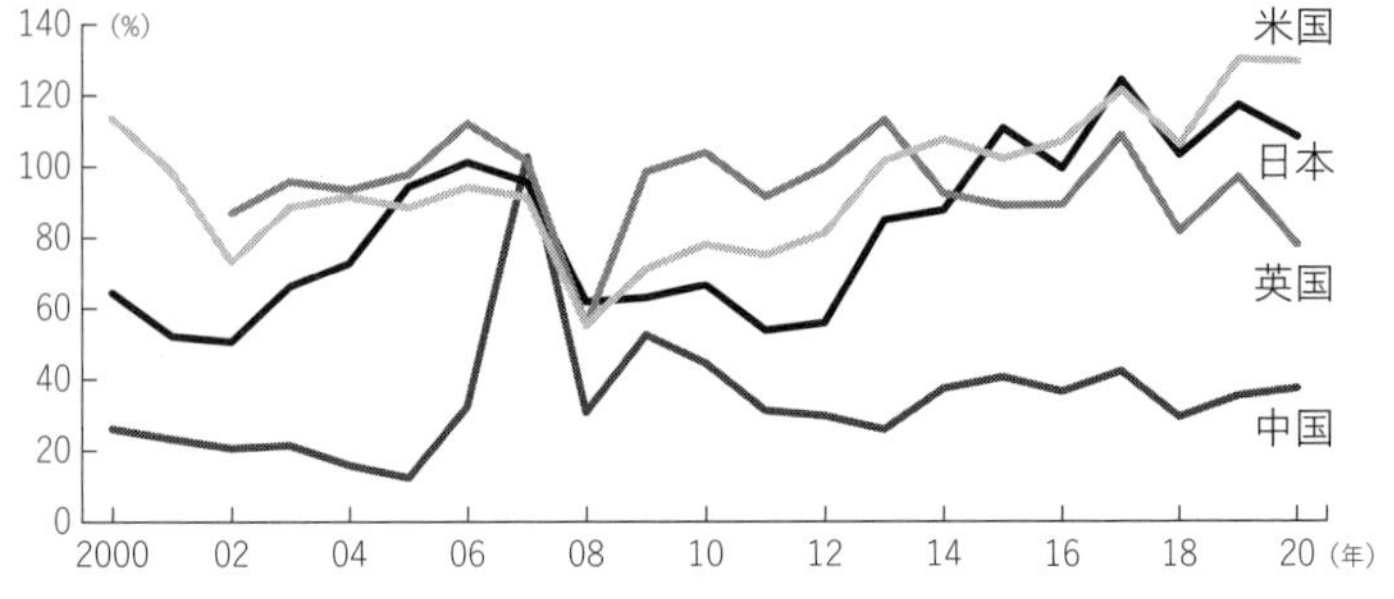

注：日本はTOPIX、中国は上海総合株価指数、米国はS&P500、英国はFTSE100
出所：IMF、世界銀行よりみずほ証券エクイティ調査部作成

益の反映である時価総額を単純に比べるのはいかがなものかという指摘もあります。マクロ・ヘッジファンドなどプロの投資家がバフェット指標だけに基づいてトレードすることはありませんし、バフェット氏もこの指標を現在どう考えているかは定かでありません。

●恐怖指数と呼ばれるＶＩＸ

株式市場はどの投資家も儲けようと思って投資しており、また他の投資家を出し抜こうと思って競っています。結果、株式市場はファンダメンタルズだけでなく、投資家心理によって大きく揺れ動きます。英語でいえば、投資家心理は“Greed”（貪欲）と“Fear”（恐怖）のあいだで揺れ動きます。成功している投資家は、自らの“Emotion”（感情）を巧くコント

図表2-12：VIXの長期推移

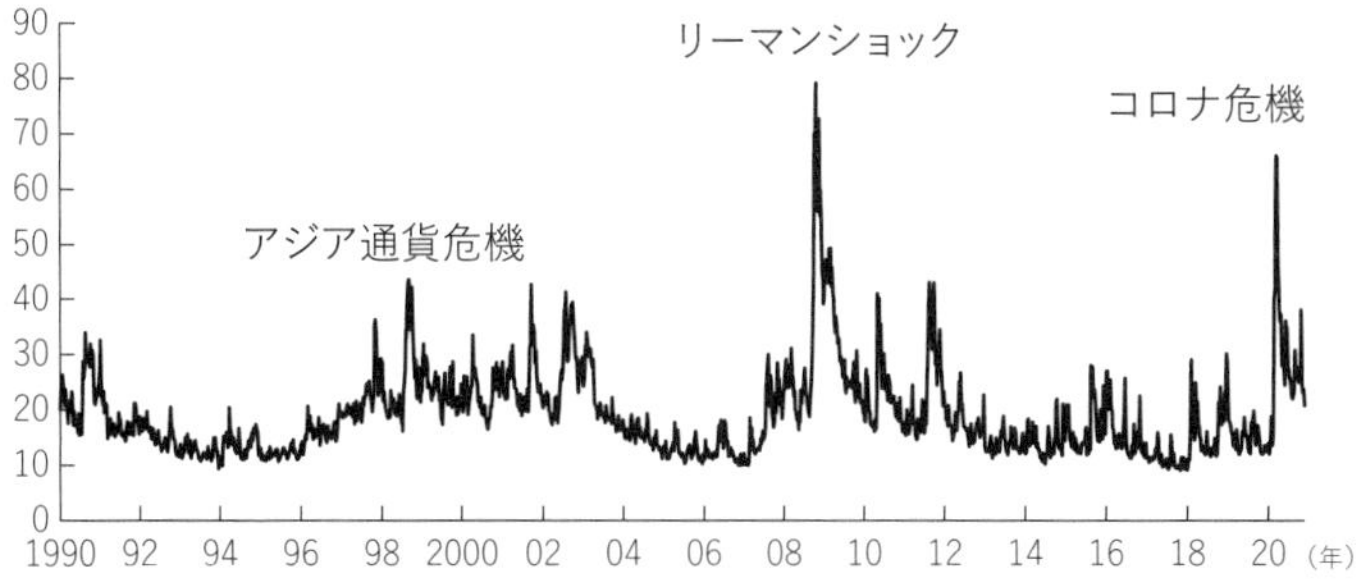

注：2020年11月30日時点。週次ベース
出所：ブルームバーグよりみずほ証券エクイティ調査部作成

ロールできる人です。

テレビ東京の「モーニングサテライト」でも毎朝報じられるＶＩＸは、ＣＢＯＥ（Chicago Board Options Exchange）がＳ＆Ｐ５００を対象とするオプション取引の満期30日のインプライド・ボラティリティを元に算出し、１９９３年から公表されているボラティリティ指数です。株式市場における投資家の混乱度合を示すので、日本語で恐怖指数と呼ばれることがあります。

リーマンショック時の２００８年10月には過去最高の89・5まで上昇し、コロナ危機が起きた２０２０年3月にはそれに次ぐ82・7（日次ベース）まで上昇しました。株式を最安値で買うのはむずかしいですが、ＶＩＸが急騰した局面は投資家の不安心理が最高に達しているので、事後的に見ると、良い買い場になったことが多々あります。

逆に２０１７年11月には過去最低の8・5まで低下しました。10以下のＶＩＸは投資家心理が楽観になり過ぎていることが多いので、注意を要します。２０２０年はコロナ禍に大規模な金融財政政策の発動で、ＶＩＸは20台前半に低下し、「ゴルディロックス」（適温相場）といわれましたが、11月の大統領選挙直前に40超まで再上昇しました。なお、ＶＩＸに対しても先物取引があり、三菱ＵＦＪ国際投信の「ETF VIX短期先物指数」は、基準価格の変動率を円換算したＳ＆Ｐ５００ＶＩＸ短期先物指数（S&P500 VIX Short-Term Futures

Index Total Return）の変動率に一致させることを目指して運用します。

COLUMN

米国株投資の情報をどのように得るか？

日本の個人投資家も、英語が読めれば（望ましくは聞ければ）、Ｗｅｂを通じて米国株投資に関して、米国個人投資家並みの情報を得られるといえます。米国のロビンフッターと呼ばれる個人投資家も、基本的にネットを見ながら米国株を売買しているので、日本とは時差があるとはいえ、米国株投資の情報を巡る環境は日本の個人投資家とほぼ同じです。

たとえば、「yahoo! finance」では米国上場株のプロフィール、株価のヒストリカルデータ、機関投資家の保有比率、アナリストの業績予想などの情報を入手可能です。前日の米国株の市況を振り返る観点からは、「Investing.com」の市況解説が充実しています。政治経済や企業のニュースでは、「CNBC：Stock Market & Business」がタイムリーな情報を掲載しています。このCNBCのサイトではセクターやニューヨークダウ組入銘柄のパフォーマンスなどが見やすいです。また有料会員になると、相場解説の記事を毎日送ってきます。「tradingeconomics.com」では米国を含む世界各国の経済指標が市場予想を上回ったか、前月比でどうだったのかをグラフや解説を含めて知ることができます。

英字の経済新聞は、米国のウォール・ストリート・ジャーナルと英国のファイナンシャル・タイムスが双璧ですが、前者はダイヤモンド・オンラインの有料会員になれば、日本語の翻訳記事を読むことができます。大統領選挙など政治ニュースはワシントン・ポストが充実しています。週末に発行される日経ヴェリタスは米国の「Barron's」を参考にしてつくられたといわれていますが、「Barron's」はその週の相場の解説から、銘柄コメントなどまで充実しています。米国では「Barron's」をデータが豊富な紙ベースで読む人もいますが、多くの人はネットで読んでいます。

日本では株式新聞などの業界紙がありますが、米国では「Investor's Business Daily」が有名です。経済雑誌では英国の「The Economist」が、欧米ではどこの運用会社の受付に行っても置いてあります。「barchart」というサイトの有料会員になると、ETFの組入銘柄の分析をできるほか、毎日銘柄コメントをメールに送ってくるので、新しい銘柄発掘の勉強になります。

東洋経済『米国会社四季報』は年4回出る日本株版と異なり、年2回ですが、日本語で米国企業の基礎的な事実や業績動向を知るのに役立ちます。ケーブルテレビで見られる日経CNBCでは、朝4～6時に放映される「Closing Bell」（夏時間だと米国市場が閉まるのが日本時間の朝5時、冬時間だと6時です）がその日の米国市場の解説を聞くのに役立ちます。私も毎朝早起きして、5時45分からのテレビ東京の「モーニングサテライト」の前に、日経CNBCの「Closing Bell」を見ています。

ADVANTAGES ASSOCIATED WITH
LONG-TERM INVESTMENTS IN US STOCKS

第 3 章

バイデン新大統領下での米国株式市場の行方

大統領選挙と株価

●大統領任期4年間の株価パフォーマンス

大統領の任期4年のうち、ニューヨークダウのパフォーマンスが最も良いのは3年目で、2番目は4年目（すなわち、大統領選挙年）、3番目は2年目で、1年目は相対パフォーマンスが最も悪くなっています。3年目のパフォーマンスが最も良いのは、翌年の大統領選に向けた景気対策を織り込むためといわれます。逆に1年目のパフォーマンスが悪いのは、株式市場が大統領選挙年までに良い話を織り込んでしまうことや、政権が替わった場合に政策変更を織り込む必要があるからと考えられます。

1年目のニューヨークダウの上昇率が最も高かったのは1989年に就任したブッシュ（父）大統領でした。1989年は日経平均がバブル的に急騰した年でしたが、ニューヨークダウもキャピタルゲイン課税の引き下げ提案やインフレ懸念の低下等を背景に上昇しました。2番目に1年目の株価パフォーマンスが良かったのはトランプ大統領であり、米中対立懸念を大型減税や規制緩和期待が相殺して、大きく上昇しました。

逆に、ブッシュ（子）大統領が就任した2001年にニューヨークダウが下落したのは、9・11の同時テロがあったためであり、年前半は上昇しました。1981年のレーガン大統領就任年にニューヨークダウが下落したのは、ボルカーFRB議長のインフレ退治のための強烈な金融引き締めでFF金利が20％まで引き上げられて、1981年7月をピークに景気後退に陥ったのが背景でした。

●大統領ごとの株価パフォーマンス

期間の取り方にもよりますが、民主党の大統領のほうが共和党の大統領よりも任期中の株価パフォーマンスが良いことが知られています。共和党政権が行なう減税や規制緩和などの政策の効果が、政権交代後の民主党政権

図表3-1：米国大統領ごとの年間ニューヨークダウの変化率

大統領名	政党	期間	1年目	2年目	3年目	4年目	5年目	6年目	7年目	8年目
ケネディ	民主党	1961年～1963年11月22日	18.7	-10.8	17.0					
ジョンソン	民主党	1963年11月22日～1968年	14.6	10.9	-18.9	15.2	4.3			
ニクソン	共和党	1969年～1974年8月9日	-15.2	4.8	6.1	14.6	-16.6			
フォード	共和党	1974年8月9日～1976年	-27.6	39.3	17.0					
カーター	民主党	1977年～1980年	-17.3	-3.1	4.2	14.9				
レーガン	共和党	1981年～1988年	-9.2	19.6	20.3	-3.7	27.7	22.6	2.3	11.9
ブッシュ（父）	共和党	1989年～1992年	27.0	-4.3	20.3	4.2				
クリントン	民主党	1993年～2000年	13.7	2.1	33.5	26.0	22.6	16.1	25.2	-6.2
ブッシュ（子）	共和党	2001年～2008年	-7.0	-16.8	25.3	3.1	-0.6	16.3	6.4	-33.8
オバマ	民主党	2009年～2016年	18.8	11.0	5.5	7.3	26.5	7.5	-2.2	13.4
トランプ	共和党	2017年～	25.1	-5.6	22.3	-0.8				
平均			**3.8**	**4.3**	**13.9**	**9.0**	**10.6**	**15.6**	**7.9**	**-3.7**

注：ジョンソンはケネディが1963年11月22日に暗殺されたため副大統領から昇格しており1年目は就任翌年（1964年）
ニクソンが1974年8月9日に辞任しフォードが副大統領から昇格したのでニクソンの6年目はなくフォードの1年目が1974年
トランプは2020年11月6日時点
出所：ブルームバーグからみずほ証券エクイティ調査部作成

で発現することや、大きな政府志向の民主党が政府支出を拡大して、景気が良くなることなどが理由と考えられます。

近年の大統領でS&P500のパフォーマンスが最も良かったのは1993～2001年のクリントン大統領で、210%上昇しました。8年の任期中5年間で実質GDP成長率は4%超で、インフレ率も鎮静し、失業率はおおむね4%以下でした。リーマンショック後の景気回復に抜かれるまでは、1991年3月～2000年3月の10年が戦後最長の景気回復局面でした。ITバブルが起きて、ナスダック指数は1993年4月の安値から2000年3月のピークまで7・7倍に上昇しました。

次いで、2009～2017年のオバマ大統領時代にS&P500は182%上昇しました。S&P500はリーマンショック後の2009年3月に大底を打った後、2020年にコロナ危機で急落するまで最長のブルマーケットが続きました。リーマンショックからの景気の立ち直りは鈍かったですが、FRBの金融緩和が株価上昇を支えました。

1981～1989年のレーガン大統領時代は就任1年目に金融引き締め、1987年はブラックマンデーでS&P500は下落しましたが、インフレ鎮静や大型減税効果などで、任期全体では118%上昇しました。

一方、任期が1期のみだった1989～1993年のブッシュ（父）時代には、199

0年の湾岸戦争による景気後退などがあったため、S&P500は51%の上昇に留まりました。2001〜2009年のブッシュ(子)時代には、就任1年目に9・11同時テロ、就任8年目にリーマンショックが起きたため、任期中にS&P500が上昇した局面もありましたが、通期ではマイナス40%とパフォーマンスが最も悪くなっています。トランプ大統領は2017年1月の就任以降のS&P500が11月6日時点でプラス54%となっています。

◉大統領選挙前後の株価パフォーマンス

右肩上がり基調にある米国株式市場において、秋はパフォーマンスが悪いという季節性があります。過去5回の大統領選挙年で、ニ

図表3-2：近年の米国大統領ごとのS&P500パフォーマンス

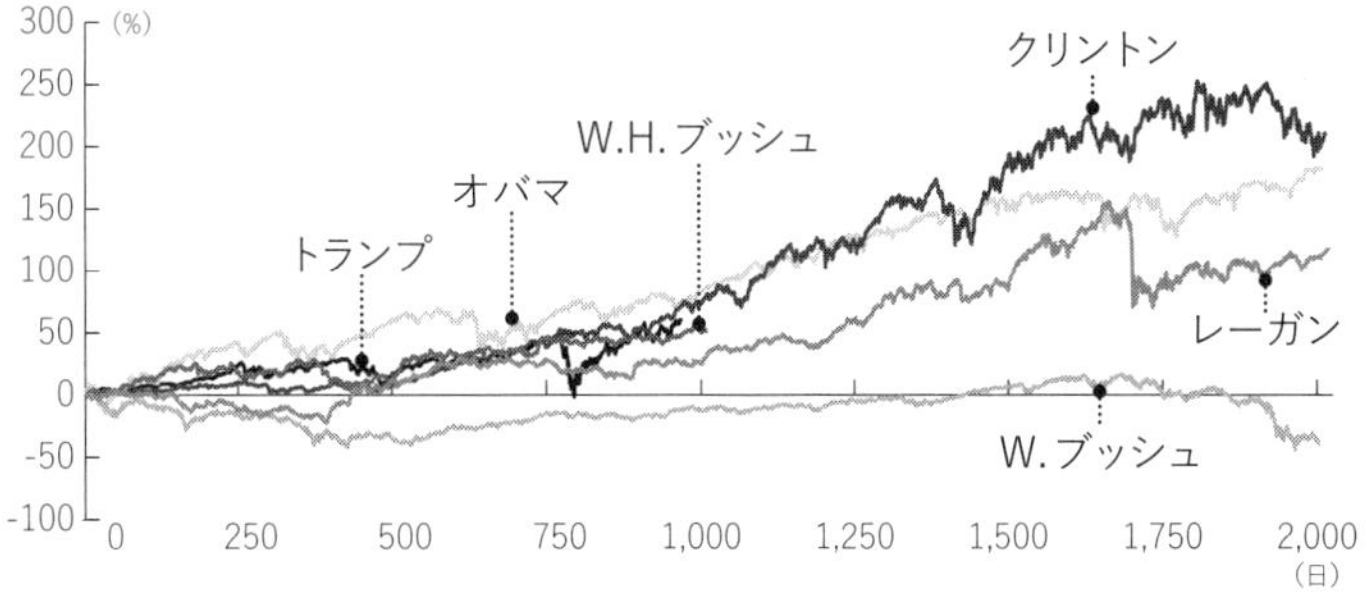

注：敬称略、取引日ベース、就任からの株価変化率、トランプ大統領は2020年11月30日時点
出所：ブルームバーグよりみずほ証券エクイティ調査部作成

ューヨークダウが9月および10月に上昇した年はともに1回ずつしかありません（2012年、2000年）。その代わりに12月のパフォーマンスが良く、過去5回中4回で上昇しています。

前回の大統領選挙が行なわれた2016年のニューヨークダウは2～7月に6連騰した後、経済指標の弱さや大統領選挙を巡る不透明性から3カ月連続小幅に下落した後、トランプ大統領の当選で年末に急騰しました。

オバマ大統領が再選を目指した2012年にニューヨークダウは9月こそECBの金融緩和で上昇しましたが、10～11月は"Fiscal Cliff"（財政の崖）懸念から下落しました。オバマ大統領が当選した2008年は、10月がサブプライムローン問題から"Black October"が起きるなど、9～11月に3カ月連続でニューヨークダウが大きく下落しました。

ブッシュ（子）大統領が再選を目指した2004年は、原油高に伴う景気減速懸念、大統領選挙を巡る不透明性からニューヨークダウは9～10月に下落しましたが、大統領選挙後の11月には再選が歓迎されて上昇しました。ブッシュ（子）大統領がアル・ゴア候補を破った2000年には、9月はテクノロジー企業の業績悪化を背景にニューヨークダウが下落しました。10月は戻しましたが、11月は7日に行なわれた大統領選挙の集計結果を巡って揉めたため、選挙結果が確定するのに26日までかかり、ニューヨークダウが下落しました。

2020年11月3日の大統領選挙後に、トランプ陣営はいくつかの州で不正があったとして訴訟を起こしましたが、株式市場はバイデン前副大統領の勝利は揺るがないと考えたうえ、コロナワクチン開発の好ニュースがあったため、株価が大きく上昇しました。

◉大統領の政策と株式市場の物色

1981年に始まった歳出削減、大型減税、規制緩和、安定的なマネーサプライを4本柱とするレーガノミクスは、タイムラグはあったものの米国経済が1970年代のスタグフレーションを脱するのに奏功しました。レーガノミクス下では金利低下や防衛強化の恩恵などが相場のテーマでした。M&Aが増えるなか、ブーン・ピケンズ氏などのアクティビストが恐れられ、ピケンズ氏は1988年の大統領選挙への出馬も検討しました。当時の主力株はフォード、USスティール、ボーイング、シェブロンなどオールドエコノミー企業でした。

アマゾンの創業は1994年、グーグルの創業は1998年であり、ともにクリントン政権時代でした。1992年の大統領選挙でのクリントン候補の公約は、インフラと人的資本への公共投資を4年間で2000億ドル以上増やす一方、富裕層への増税等によって

3000億ドル税収を増やして、4年間で財政赤字を半減することでした。国内情報ネットワークの確立、新規事業への投資の税額控除、グリーンビジネスの奨励などがスタートアップ企業の追い風になりました。アジア通貨危機を経た金融緩和が、1990年代後半のITバブルにつながっていきました。

2008年の大統領選挙でのオバマ大統領の公約は、サブプライムローン問題に対応するための5000億ドルの緊急経済対策、オバマケア（Affordable Care Act）の導入、イラクからの撤退、クリーンエネルギー促進などでした。オバマケアの主要条項が実施されたのは2014年でしたが、2017年にトランプ大統領によって廃止されました。2009年6月から戦後最長の景気回復が始まり、金融や素材株なども反発しましたが、オバマ時代に大きく上昇したのはテクノロジー株でした。アップルが上昇する一方、IBMが2013年をピークに下落に転じるなど、テクノロジー株のなかでも主導株の交代がありました。

バイデン政権での経済政策はどうなる？

●バイデン前副大統領の経済政策

トランプ大統領の"Make America Great Again"に対して、バイデン前副大統領のキャッチフレーズは"Build Back Better"でした。バイデン前副大統領はトランプ大統領同様に、国内雇用を重視しながら、トランプ大統領以上に環境対策やインフラ投資に政府予算を回す方針です。

パリ協定に復帰し、2050年までに100％のクリーンエネルギー政策、環境分野への2兆ドルの支出などを公約としました。合計歳出増加額は10年間で8兆～10兆ドルと見られていますが、トランプ政権の2021会計年度（2020年10月～2021年9月）の歳出額が約5兆ドルですので、大盤振る舞いの財政支出計画といえます。

一方、法人税率を21％→28％に引き上げ、富裕層には資産取引の課税を強化する方針です（次項参照）。

バイデン前副大統領は、不十分な失業保険や脆弱なサプライチェーンなどの構造問題を直すことで、米国景気が素早く立ち直り、将来のショックにも耐えられるようになると主張しています。普通の米国人の経済リスクを和らげるために、ウォーレン候補の主張だった倒産法をもっと借り手有利に変更する案を採用し、メディケアのような公的健康保険システムと保証有給ファミリーリーブ制度の導入を約束しています。たとえば、失業率が急上昇したときに、自動的に全国民にお金を支給する仕組みなどです。バイデン前副大統領は連邦政府にもっと米国製品を買わせて、多くのチャイルドケアセンターをつくる提案もしています。連邦政府の投資や国内生産能力を増やして、イノベーションと新たなテクノロジーを採用して、国全体の生産性を引き上げるとしています。

ただ、上院で民主党が多数とならなければ、共和党の抵抗によって、バイデン前副大統領の公約の実現可能性が低下します。

●バイデン前副大統領の税制改正

バイデン前副大統領は2018年TCJA(Tax Cuts & Jobs Act)の恩恵を削減し、連邦税収を上げるとしています。TCJA前に37%だった年収40万ドル以上の高額所得者(全所得者の1%に過ぎません)の所得税を39・6%へ引き

図表3-3：バイデン前副大統領の主な政策

環境	司法省内に環境・気候司法部門を新設する 科学的根拠に基づいて水質汚染問題に取り組む 貧困地域の大気汚染改善に向けた戦略と技術を重視 リベートによる米国製クリーン自動車の調達 クリーンエネルギー改革に向けた莫大な予算の40%を貧困地域に振り向ける 災害リスクの低減を重視した、気候変動問題に対する危機管理戦略を策定する 10万人以上の人口を有する都市すべてに高品質かつ温室効果ガス排出ゼロの公共交通機関を提供 クリーンな発電を国内で実現し、2035年までに電力部門からの二酸化炭素排出をゼロに
インフラ	「バイ・アメリカン(Buy American)」の実現のため政府調達市場に4000億ドルを投資する 3000億ドルを研究開発、新産業・技術に投資する 4年間で400万のビルを改築し、200万の住宅に耐気候構造を施すことにより、100万人の高賃金雇用を創出 建物のエネルギー効率向上に積極投資。400万件の改築を行なうほか、150万件の手頃な価格でエネルギー効率の高い住宅を建設 老朽化した輸送インフラを立て直す(道路、橋、鉄道、航空、港、内陸水路等) 充電ステーションなどEVを支えるインフラへの投資 米国の鉄道網を世界で最もクリーンで安全、最速にする 5Gによる高速通信網を全国に普及させる
雇用	老朽化したインフラを再建し、数百万人の雇用を創出 発電・送電等への巨額投資による雇用創出 自動車産業や国内自動車サプライチェーンで新たに100万人の雇用を創出する 国内製造業を再編、復興させる。とくに中小製造業者を重視 米国労働者のためになる税制、通商政策を追求 重要なサプライチェーンを米国に取り戻し、中国依存から脱する 国内部品調達規定を厳格化 「バイ・アメリカン(Buy American)」施策の徹底のため貿易ルールを見直す

注：2020年10月25日時点
出所：ジョー・バイデン氏ウェブサイトよりみずほ証券エクイティ調査部作成

上げる計画です。

また、現在、1年以上保有の株式、債券、投信のキャピタルゲインは年収が8万ドル以下の家庭ではゼロ、同49・6万ドル以下では15％、それ以上では20％ですが、バイデン前副大統領は年収にかかわらず、キャピタルゲイン100万ドル以上には39・6％の税率をかけようとしています。最後にキャピタルゲイン課税が引き上げられたのは2013年でしたが、その際には引き上げ前に株式の利食いが起こり、引き上げ後に買戻しされました。さらに、現在相続の際に1158万ドルまで遺産税がかかりませんが、これをTCJA前の2017年並みの550万ドルまで引き下げる計画です。

バイデン前副大統領はコロナ禍で痛手を受けた人を助けるため、子供や扶養者をケアする人や住宅の最初の購入者などの税額控除を拡張する計画です。TCJAで35％から引き下げられた法人税率を21％から28％へ引き上げ、売上1億ドル以上の企業に経費控除後の売上に15％のBook Taxをかける予定です。まだ増税の詳細は明らかでありませんが、増税合計額は5兆ドルに上るとの見方もあります。法人増税が2021年に実施されれば、S&P500の予想EPSが170ドルから150ドルに下がると予想されています。

バイデン前副大統領は米国企業の国内回帰を促すために、国外移転する米国企業への課税を強化する一方、国内で雇用創出や投資に貢献した企業の税を優遇するとしています。

Tax Foundation（税政策に関するデータを収集するシンクタンク）によると、バイデン前副大統領の税制改正が実施されれば、経済成長率は1・5％押し下げられ、10年間で税収が3・8兆ドル増え、うち約半分は企業増税となります。

バイデン前副大統領は富裕層増税を主張していますが、最高税率は40年前には70％、1980年代を通じて50％だったので、それに比べれば依然低水準で、フラットな税率といえます。

●バイデン前副大統領勝利の物色

気候変動問題を重視するバイデン前副大統領は、大統領就任当日にパリ協定に復帰し、100日以内に主要排出国の首脳が参加する気候サミットを開催するとしています。大統領選挙前にバイデン前副大統領の勝利を織り込んで、環境関連株は大きく上昇していましたが、日欧と並んで、米国に環境重視の政権ができることは、環境関連株にとってさらなる追い風となるでしょう。

ブラックロックのiシェアーズのグローバル・クリーンエネルギーETFの純資産は、年初比約7倍の30億ドルへ増えました。一方、旧来型のエネルギー関連株がアンダーパフォームしており、株式市場全体の上昇のなかでも、エクソンモービル株はなかなか下げ止まりませんでした。

トランプ大統領もインフラ投資拡大を主張しながら実現しませんでしたが、バイデン前副大統領はグリーンエネルギーなどのインフラに4年間で2兆ドルを投資するとしています。米国の2020会計年度（2019年10月～2020年9月）の財政赤字は過去最悪の3・1兆ドル（約330兆円）に達しました。財政赤字が巨額に達するなか、共和党が反対する財政赤字の拡大を押し切って、インフラ投資を実現できるか注目されます。

バイデン前副大統領の政策は、インフラ投資でも鉄道の高度化や、充電ステーションの整備など環境関連の公共投資を重視し、雇用創出でも発電・送電への投資、クリーンな米国車への買い替え促進を通じた米国内の工場建設支援などと、環境対策に紐づけしています。ヘルスケアやインフラ関連株は、上院の勢力図やバイデン政権の政策の詳細を見てからの対応になりそうです。

バイデン前副大統領が薬価引き下げに意欲を示していたことから、薬品株は不振でしたが、「トリプルブルー」の懸念払拭から、大統領選挙後に反発しました。変わったところでは、バイデン前副大統領が民間刑務所の使用を中止すると公約したことで、ＧＥＯグループやコアシビックなどの民間刑務所の株価が下落しました。

●バイデン政権で規制強化の可能性

トランプ政権は環境や金融など様々な分野で規制緩和を行ないましたが、バイデン政権ではテクノロジーや金融分野で規制が強化される懸念があります。バイデン政権の財政刺激が景気にプラスでも、規制強化が特定の業種にネガティブになる可能性があります。

とくに、厳しいGAFA規制（後述）が行なわれれば、株式市場に破壊的な悪影響が出る可能性があります。

2020年10月23日のウォール・ストリート・ジャーナルは、米国金融機関のあいだで、企業に優しい消費者金融保護局（Consumer Financial Protection Bureau＝CFPB）の時代が終わりを迎えつつあるとの懸念が高まっていると報じました。CFPBはバイデン氏が副大統領を務めていた2011年に、金融危機の反省に立って設立されました。発案者はバイデン政権で入閣の見通しもあるエリザベス・ウォーレン上院議員でした。しかし、金融規制の緩和を公約に掲げて当選したトランプ大統領は、CFPB設立の基となったドッド・フランク法（金融規制改革法）を後退させました。一方、バイデン前副大統領はCFPBを中間層の支援という観点からとらえているそうです。

CFPBはトランプ政権下で多くの面で権限が弱められましたが、バイデン政権が誕生すれば、積極的な役割を担うと予想されます。米国製品の購入促進など、バイデン前副大統領とトランプ大統領の政策は類似点も多いものの、環境分野と並んで、金融規制は政策が180度変わる分野と見られています。コロナ禍で住宅ローンの返済猶予を認めている銀行が2021年になって差し押さえを急がないよう、目を光らせることなどが想定されています。将来の給与を担保に短期の小口ローンを手掛ける消費者金融業者に対する規制強化、学生ローン債権回収業者の監視、マイノリティの借り手に対する与信強化などが想定されています。

◉バイデン政権で円高になるのか?

外国株投資に為替リスクは付き物ですが、為替の予想は株価予想以上にむずかしいといえます。経済が成長する限り、株価は右肩上がりで上昇しますが、為替は二国間の関係次第で、上がったり下がったりするからです。

日本人には米国の民主党=円高と連想を抱いている人が少なくないようですが、必ずしもそうとはいえません。長期的に見ると、円は対ドルで上昇傾向です。①購買力平価(日本のデフレ)を反映して円高になりやすい、②日本は世界最大の債権国であり、安全通貨として買われやすい、③対米貿易黒字を維持しているため、政治的に円高にされやすかったなどが理由と考えられます。

１９９３年に誕生したクリントン政権は米国の製造業を再生させるために通貨安政策を取り、１９９５年４月に円の対ドルレートは一時79円台まで上昇しました。２００８年に誕生したオバマ政権も輸出倍増計画を掲げて、日本の民主党の無策もあり、２０１１年10月に75円台まで円高が進みました。トランプ政権でも、トランプ大統領が時折ドルが高すぎるとツイートしましたが、安倍前首相の巧みな外交手腕も手伝って、円の対ドルレートはおおむね１０５〜１１５円のボックス圏で推移しました。

バイデン政権では、インフラ拡大など拡張的な財政支出を取るので、米国長期金利が上昇してドル高・円安になるという見方と、クリントンやオバマ政権時のように、円高圧力

図表3-4：米国大統領在任期間中の円の対ドルレート変化率

選挙日	勝者	党	在任期間 開始	在任期間 終了	円/ドル 開始	円/ドル 終了	期間中変化率(%)	
-	フォード	共和党	1974/08/09	1977/01/20	302.57	290.28	**-4.1**	円高
1976/11/02	カーター	民主党	1977/01/20	1981/01/20	290.28	200.65	**-30.9**	円高
1980/11/04	レーガン	共和党	1981/01/20	1985/01/20	200.65	254.58	26.9	円安
1984/11/06	レーガン	共和党	1985/01/20	1989/01/20	254.58	128.27	**-49.6**	円高
1988/11/08	ブッシュ(父)	共和党	1989/01/20	1993/01/20	128.27	124.7	**-2.8**	円高
1992/11/03	クリントン	民主党	1993/01/20	1997/01/20	124.7	117.97	**-5.4**	円高
1996/11/05	クリントン	民主党	1997/01/20	2001/01/20	117.97	117.18	**-0.7**	円高
2000/11/07	ブッシュ(子)	共和党	2001/01/20	2005/01/20	116.41	103.43	**-11.2**	円高
2004/11/02	ブッシュ(子)	共和党	2005/01/20	2009/01/20	103.43	89.76	**-13.2**	円高
2008/11/04	オバマ	民主党	2009/01/20	2013/01/20	89.76	89.6	**-0.2**	円高
2012/11/06	オバマ	民主党	2013/01/20	2017/01/20	90.1	114.62	27.2	円安
2016/11/08	トランプ	共和党	2017/01/20	2020/11/30	114.65	104.31	**-9.0**	円高

注：トランプ大統領は就任から2020年11月30日時点の変化率。就任日が休日の場合は次営業日、退任日が休日の場合は前営業日時点
出所：ブルームバーグよりみずほ証券エクイティ調査部作成

をかけられるという意見があります。

2020年3月以降、円の対ドルレートが緩やかに上昇しているのは、FRBのバランスシート拡張のほうが日銀よりも大きかったためなので、今後の為替動向はFRBのバランスシートに依存します。もっとも、米国政府の最大の関心事は人民元であり、もはや円ではないとの見方もあります。なお、株価指数同様に為替にも季節性があり、2000～2019年の過去20年に8月は13回で円高でしたが、2020年8月は若干の円安でした。8月に円高になりやすい理由としては、8月は米国債の大量償還があり、利払いで受け取ったドルを本邦機関投資家が円に換える、日本の輸出企業がお盆休みに入る前にドル売り・円買いヘッジを増やすことなどが挙げられてきました。

◉米国の対中強硬路線は不変

中国がWTOに加盟した2001年に米国の名目GDPは中国の約8倍だったものの、2020年に中国の名目GDPは米国の約7割に達し、IMFによると、2028年（コロナ禍で2年前倒し）に米国を上回ると予想されています。米中の軍事、経済、技術を巡る覇権競争が激化しており、その流れはバイデン政権でも変わらないと予想されます。

米国の輸出相手国として大きいのはカナダやメキシコですが、輸入相手国としては中国が最大で、中国からの輸入が中国への輸出の4倍近くにも達するので、トランプ大統領は中国のせいで米国の雇用が失われてきたと、中国を非難してきました。"Pew Research Center"の世論調査によると、中国が良くないとする米国民の見方（Unfavorable view of China）は2020年夏の調査で73％と、2006年の29％から2倍以上に増えました。

トランプ政権の対中批判演説としてはペンス副大統領が2018年10月に行なったものが有名ですが、ポンペオ国務長官も2020年7月の演説で「中国共産党は人民を弾圧し、知的財産権等を侵害し、世界の安全保障上の脅威となっている」と批判しました。大統領選挙の論争でも、トランプ・バイデン陣営ともに「中国に対して自分のほうが強硬だ」と

図表3-5：日米中の名目GDPの推移

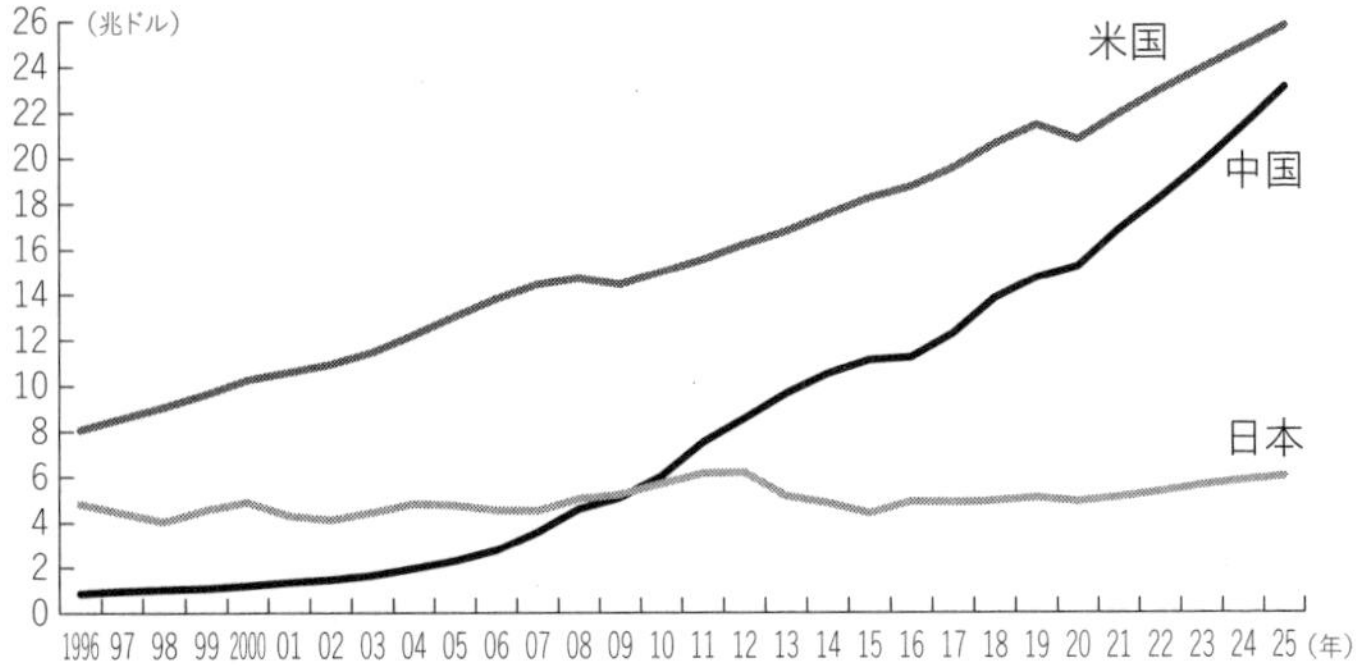

注：2021年以降は予測
出所：IMFよりみずほ証券エクイティ調査部作成

アピール合戦を行ないました。一部にはバイデン前副大統領のほうが中国に対して融和的との見方もありますが、米国の対中世論が大きく悪化しているため、対中強硬路線は変わらないと考えられます。

菅首相が2020年9月に面会した渡瀬裕哉早大招聘研究員は著書『2020年大統領選挙後の世界と日本』で、「バイデンが当選してパリ協定復帰を宣言した場合、中国は対米外交のツールとして、環境問題での協力を打ち出して、米中対立緩和の交渉材料とするだろう」と述べました。米中の様々な分野における覇権争いは、今後も日米中の株式市場に大きな影響を与えるでしょう。

米国株投資のリスク

◉イベントをきっかけに急落することも

米国株は10年に1回程度急落することがあるものの、基調的に右肩上がりなので、「バイ&ホールド」の長期投資が有効です。しかし、2020年3月中旬からの株価上昇が急だったため、何らかのイベントをきっかけに急落することもあるでしょう（ただ、3月の安値で買えなかった投資家には次の大きな押し目を待っている人もいます）。

米国のコンサルティング会社のユーラシア・グループが年初に発表するその年の「10大リスク」は、世界的に注目されますが、現在、米国株について思いつく主なネガティブ・リスクファクターとしては、次の3点が挙げられます。1つ目のリスクは、コロナウイルスが収束するどころか、再拡大して、世界経済が再びロックダウンされることです。コロナウイルスが変異して、開発されたワクチンの有効性が低下する可能性があるでしょう。1918～1920年のスペイン風邪も、第2波の死者が多かったのは有名な話です。世界各国の政府は2020年春先に大規模な財政支出を行ないましたが、次にコロナウイルスが流行して、経済が大きく落ち込んでも、財政のない袖は振れないという状況に陥るリスクがあるでしょう。

●長期金利の上昇、米中軍事衝突などもリスク要因

2つ目のリスクは、米国の長期金利の上昇です。現在のテクノロジー株を中心とする強気相場を支えているのは、米国の短期金利はゼロ、10年国債利回りは1％以下という超低金利です。大型成長株は割引キャッシュフローモデルでフェアバリュー（適正価格）が計算されるので、資本コストの計算に使われる無リスク金利が少し振れるだけで、フェアバリ

ューが大きく違ってきます。米国の長期金利が上がれば、米国債を買いたい日本の機関投資家も多いでしょうが、バイデン政権の財政拡大が予想を上回るものとなり、インフレ懸念が高まり、米国の財政赤字がこのまま持続できるのかと疑われれば、米国債が暴落（利回りは上昇）する恐れがあるでしょう。

3つ目のリスクとして、米中が覇権争いから、経済対立の深刻化のみならず、アジア太平洋で軍事衝突が起きる可能性も否定できません。

中国の現在の政治体制や文化が世界的に受け入れられるとは思えませんが、覇権国交代時期には往々にして戦争が起きるという歴史的事実があります。米中戦争にならなくても、米中の経済対立が実体経済の落ち込みを深刻化させる可能性はあるでしょう。

中国政府は米国のファーウェイ制裁に対する強力な対抗措置を打ち出していませんが、アップル製品の中国での販売禁止や中国での製造禁止などの措置が考えられなくもありません。もっともこれらの措置は中国経済への打撃になり、国民からの共産党政権に対する不満拡大につながるので、実現の可能性は低いと思います。

逆に、ITバブルの再来、経済活動の正常化で、いままで抑制されていた需要が一気に発現し、世界経済がV字型で回復すること、米中友好関係の構築などポジティブ・リスクファクターについても留意しておくべきでしょう。

ADVANTAGES ASSOCIATED WITH
LONG-TERM INVESTMENTS IN US STOCKS

第 **4** 章

米国株の大きな買い手は誰か

米国株は誰が保有しているのか？

◉家計の半数は金融資産の過半数を株式で保有

米国証券業金融市場協会（Securities Industry and Financial Markets Association＝ＳＩＦＭＡ）が２０１９年10月に発表した“Who Owns Stocks in America?”によると、２０１８年の米国株の主体別保有比率は家計が37・6％、ミューチュアルファンドが22・6％、外国人が14・8％、ＥＴＦが6・2％、私的年金が5・5％、州・地方政府年金が5・3％、非金融法人が4・0％でした。

パッシブ化の進展に合わせて、足元ではＥＴＦによる株式保有比率が上がっています。

米国家計の52％が株式を保有しており、平均株式保有額は4万ドルと、家計の平均金融資産の過半数を占めていました。２０１８年にミューチュアルファンドを保有している家計は44％でした。

当然、富裕層ほど株式保有比率は高く、所得の上位10％は94・7％が株式を保有している一方、所得の下位10％の人は11・2％しか株式を保有していません。所得の上位10％の株式保有額の中央値が36・3万ドル（約3800万円）であるのに対して、所得の下位10％の人の株式保有額の中央値は6000ドル（63万円）に過ぎません。

コロナ禍以後に米国でも1家計当たり最大1200ドルの現金が支給され、失業保険給付額も増額されたことから、低所得層も投資アプリの「ロビンフッド」などを通じて、株式市場へ参入したといわれています。一方、日本証券業協会の「証券投資に関する全国調査」によると、2018年度に20歳以上の男女で、株式を保有している人の割合は13％、投信を保有している人の割合は9％に過ぎませんでした。

すなわち、米国では株式や投信文化が家計に浸透しているため、株価を上げる政治家が

図表4-1：米国株の主体別保有比率

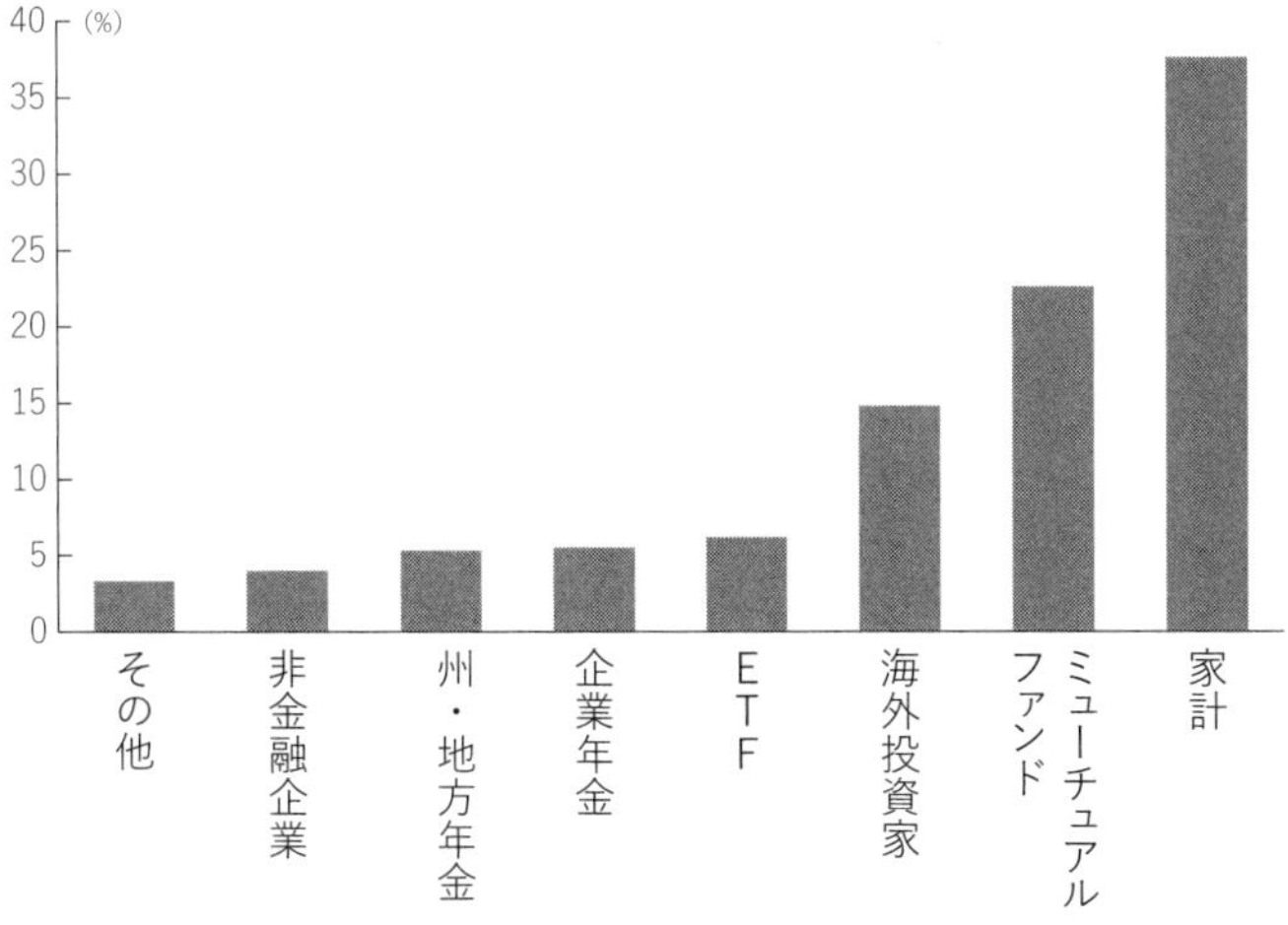

注：2018年時点
出所：米国証券業金融市場協会よりみずほ証券エクイティ調査部作成

評価され、また株価を上げる金融経済政策が実体経済を良くするといえます。

◉大手テクノロジー株の上位株主はパッシブ運用会社

米国株式市場ではパッシブ化が進んでいますので、大手テクノロジー株の上位株主もパッシブインベスターが多くなっています。投資銀行のラザードによると、2007～2019年に米国ではETFに1・1兆ドル、インデックスファンドに6150億ドル資金が流入した一方、アクティブファンドからは1・8兆ドル流出しました。

2019年末時点で、S&P500企業の株式保有比率はバンガードが8・2%、ブラックロックが6・6%、ステートストリートが4・4%で、パッシブ運用大手3社がトップ3の株主になっています。4位がキャピタルグループ、5位がフィデリティ、6位がティー・ロウ・プライスとアクティブ運用に強みを持つ運用会社が4～6位を占めました。運用会社の上位6位で、S&P500株の約4分の1を保有します。

GAFA株の上位株主を見ると、バンガードやブラックロックなどのパッシブ業者が上位になっていますが、キャピタルグループやFMR（フィデリティ）という2大アクティブ運用会社も健闘しています。

2020年6月末時点でアップルの上位株主は1位がバンガード、2位がブラックロックというパッシブ業者で、3位にバークシャー・ハサウェイが入りました。

アマゾンの筆頭株主は創業者のジェフ・ベゾス氏で、11%の株式を保有するので、保有金額は1800億ドル（約19兆円）もの個人金融資産を保有することになります。

マイクロソフトのトップ3の株主はバンガード、ブラックロックに次いで、キャピタルグループが3位に入りました。アルファベットのトップ3の株主はバンガード、ブラックロック、FMR（フィデリティ）の順番でした。

●米国株は誰が買っているのか？

米国株の需給を見るには東証の週次データのような売買データがないので、FRBの"Flow of Funds"の四半期データを使わざる

図表4-2：S&P500企業の運用会社別の株式保有比率ランキング

順位	株主	保有比率（%）	累計保有比率（%）
1	Vanguard	8.2	8.2
2	BlackRock	6.6	14.8
3	State Street	4.4	19.2
4	Capital Group	3.1	22.3
5	Fidelity	2.2	24.5
6	T. Rowe Price	1.8	26.3
7	Geode Holdings	1.4	27.7
8	Northern Trust	1.2	28.9
9	Wellington Management	1.1	30.0
10	BNY Mellon	1.0	31.0

注：2019年3Q時点
出所：LAZARD"2019 Review of Shareholder Activism"よりみずほ証券エクイティ調査部作成

を得ません。これによれば、近年、急騰する米国株を買っている投資主体は外国人、企業の自社株買い、ETFでしたが、自社株買いはコロナ禍による業績悪化で急減する一方、外国人からの米国株投資が増えました。このなかには当然、日本の個人投資家による投信経由の買いも含まれます。

事業会社の2020年上期の米国株の純買い越し額は、前年同期比約半減の4600億ドル（約49兆円）となりました。株式運用のパッシブ化が進むなか、同期間にミューチュアルファンドが約7300億ドル（74兆円）の米国株を売却した一方、ETFは4630億ドル（46兆円）の米国株を買い越しました。それ以上に買い越したのは海外投資家で、2020年上期に1・3兆ドル（約140兆円）もの買

図表4-3：家計、ミューチュアルファンド、ETF、海外投資家の米国株買い越し額

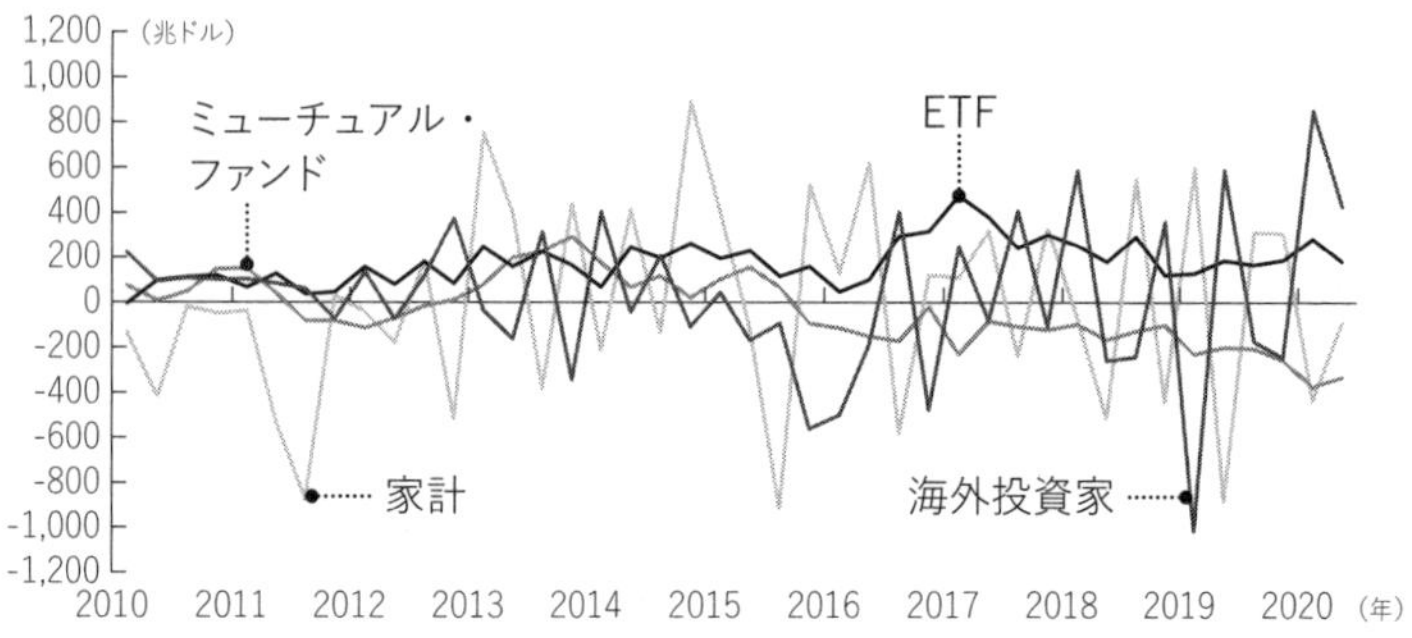

出所：連邦準備制度理事会よりみずほ証券エクイティ調査部作成

い越しになりました。

ＥＴＦは継続的に買い越しているものの、海外投資家は買ったり、利食ったりという動きがあります。事実、海外投資家は２０１９年下期に４１００億ドル（43兆円）の売り越しでした。逆に、米国の個人投資家は２０１９年下期に６１５０億ドル（65兆円）の買い越しだった一方、２０２０年上期は５２００億ドル（55兆円）の売り越しに転じました。

ただし、株式需給は誰かの売りが他の誰かの買いになるというプラスマイナスゼロの統計なので、参考程度に見るべきでしょう。

●米国の家計金融資産は株価上昇とともに拡大

米国の家計金融資産は２０２０年６月末時点で前年同期比４％増の94・５兆ドル（約９９００兆円）と、同２％増の日本の家計金融資産１８８３兆円の約5倍に上りました。米国の人口は３・３億人と日本の２・６倍であるため、１人当たり米国の金融資産は日本の約２倍ということになります。日本の家計金融資産の過半数が依然として現預金である一方、米国の家計金融資産に占める預金の比率は14％に過ぎません。逆に、米国家計金融資産に占める株式比率は32％と日本の約3倍になっています。

ＩＣＩ（Investment Company Institute）によると、米国は２０１９年末の世界のオープンエンドファンド純資産54・9兆ドル（5800兆円）のうち47％を占め、残りは欧州が34％、アジア太平洋が13％です。2020年6月末時点で米国の投信残高は26兆ドル（約2700兆円）と、日本の2兆ドルの10倍以上ありました。米国では401k（確定拠出年金）などを通じて、ミューチュアルファンドで退職後の資産づくりをする個人が多くなっています。2019年末の米国の退職資産は32兆ドル（3300兆円）と、日本の年金資産63兆円の50倍以上になっています。

米国の投資会社の純資産は2019年末に26兆ドル（2700兆円）と、10年前比で2倍以上に増えました。内訳は、ミューチュアルファンドが11兆ドル→21兆ドル、ETFが7770億ドル→4・4兆ドルと増えました。ミ

図表4-4：米国のファンドの純資産の推移

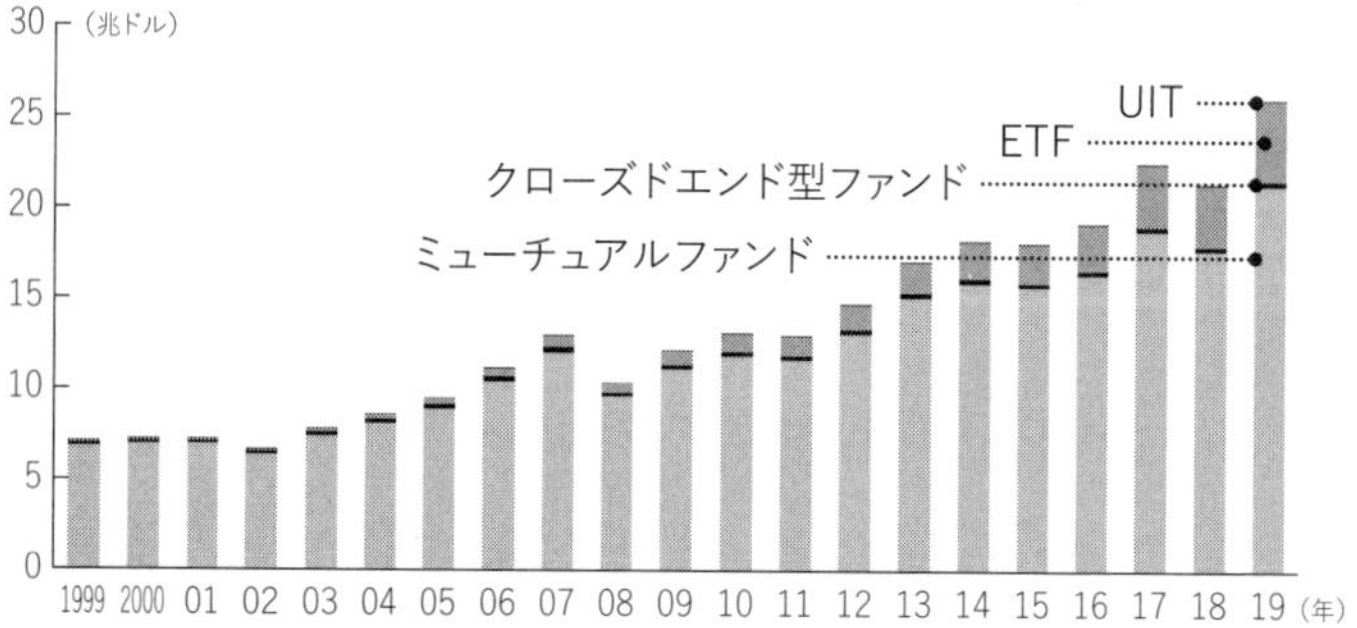

注：UIT=Unit Investment Trust
出所：Investment Company Instituteよりみずほ証券エクイティ調査部作成

ューチュアルファンドの種類別比率は米国株ファンドが43％、世界株ファンドが15％、債券ファンドが21％、マネーマーケットファンドが14％、ハイブリッドおよびその他ファンドが7％でした。

米国では持続的な株高と、右肩上がりに増える投資純資産の好循環が起きているといえます。それがまた資産運用産業の成長につながっています。

◉米国には「忍耐強い機関投資家」が多い

アマゾンが創業されたのは1994年でしたが、2014年に通期で初めて黒字化するまで赤字続きでした。米国にはアマゾンのビジネスモデルを評価して、将来の黒字化を信じて粘り強く投資した投資家が多かったといえます。

米国企業の成長を支える制度要因は、赤字企業を認める資本市場と倒産制度といわれます。日本ではリーマンショック時などを除くと、当期純損失を計上した上場企業の割合が5％程度に留まる一方、米国では同比率が20～30％で推移しています。2011年以降景気が良かったにもかかわらず、同比率が上昇傾向にあったのは、デジタル投資など前向きの投資を行なっていたためと推測されます。米国の経営者は短期的な赤字に陥ることを躊躇せずに、R＆Dや設備投資を行ないます。米国には短期の赤字を容認する「忍耐強い投資家」が存在していることを示唆します。「忍耐強い投資家」は短期的な赤字よりも、将来キャッシュフローを重視して投資を行ないます。

1980年代までは、終身雇用に基づく日本企業は長期経営で、米国企業こそ短期志向と批判された時期もありましたが、まるで逆となりました。日本企業は1990年のバブルピーク時に比べて、経常利益は80％増えましたが、売上は横ばいで、設備投資に至っては3割減となりました。日本企業は目先の黒字化を優先して、長期的な視野に基づく投資を行なわなかったので、国際競争力を低下させたといえます。米国の投資家はナスダックに赤字上場した企業も、長期間赤字を容認する一方、日本の投資家はマザーズに上場した企業に早期黒字化を求めるので、ＩＰＯ後に成長が止まってしまう企業が少なくありません。

●コロナ禍下で急速に進んだロビンフッド現象

2020年1～6月に、個人投資家が米国株市場の取引に占める割合が19・5％と、前年の14・9％から増加し、2010年水準の2倍近くに達しました。米国では素人の個人投資家の短期株式売買が急増しており、「ロビンフッド現象」と呼ばれています。

手数料無料の株式売買アプリが特徴のフィンテック企業「ロビンフッド」は2015年

にカルフォルニア州で創業されました。非公開で、いわゆる「ユニコーン企業」（評価額10億ドル以上の未上場企業。2020年8月時点で評価額は110億ドルに達したようです）であるため、経営の詳細が明らかではありません。ロビンフッドの口座数は2016年に100万口座しかありませんでしたが、2019年末に1000万口座に達し、コロナ禍の5月末に1300万口座に達したと報じられています。

顧客はミレニアム世代が多く、平均年齢は31歳です。新規顧客の約半分は過去にトレードしたことがない人でした。外出自粛によって在宅で時間のある人が、政府給付金を元手に、株式取引を始めたケースが多かったといわれます。私はロビンフッドのアプリを使ったことがありませんが、ゲーム感覚で楽しく使えるアプリのようで、そのためか、ロビンフッドの顧客は企業のファンダメンタルズを軽視し、ボラティリティ、投機、デイトレなどを好むといわれます。

ロビンフッダーはアップルやテスラなど大手テクノロジー株も取引しますが、一度倒産したイーストマン・コダックや新興EV企業のニコラなど、投機的株式とロビンフッダーの売買の相関が高くなっています。

9月にロビンフッドは顧客の注文を高速取引業者に流していたことを開示していなかったことで、SEC（証券取引委員会）の調査を受けたほか、10月には約2000口座がハッキングの被害を受けたとも報じられました。米国では新興のロビンフッドに加えて、スクエアのようなフィンテック企業もオンライン株式取引に参入し、競争が激化した結果、オンライン証券の再編が進んでいます。

◉チャールズ・シュワブの預かり資産は4兆ドル強

オンライン証券最大手のチャールズ・シュワブは2019年11月に同業のTDアメリトレードの買収を発表し、2020年6月に司法省から合併の許可を得ました。チャールズ・シュワブは「買収で約1200万件の口座と1・3兆ドルの顧客資産をオーガニック成長に加えることができ、顧客資産に占める営業費用の比率を引き下げて、競争ポジショ

図表4-5：チャールズ・シュワブの口座数と顧客資産の推移

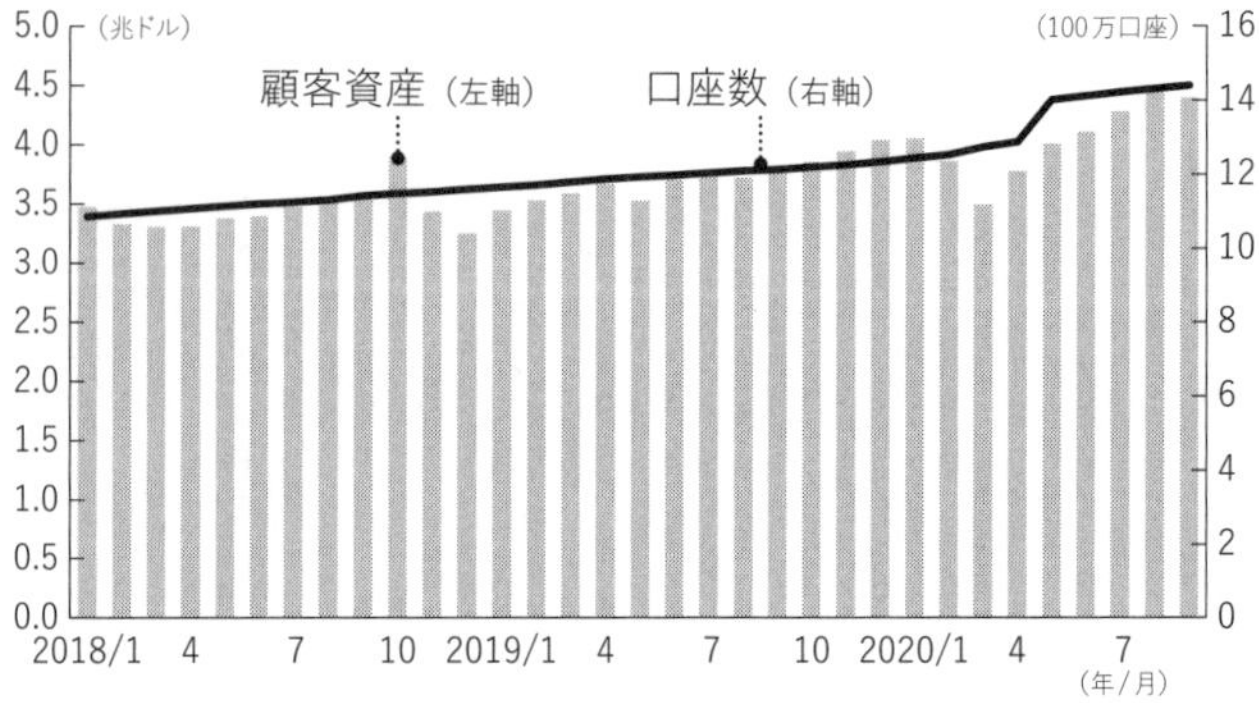

出所：会社資料よりみずほ証券エクイティ調査部作成

ンを改善する」と述べました。

チャールズ・シュワブは上場企業ですので様々なデータが開示されていますが、2020年9月末の口座数は1493万口座と前年同期から227万口座増えました。チャールズ・シュワブの顧客資産は前年同期比17％増の4・4兆ドル（460兆円）となりました。野村ホールディングスの営業部門の2020年6月末の顧客口座数は532万口座、顧客資産残高は112兆円なので、チャールズ・シュワブはその3～4倍の規模ということになります。チャールズ・シュワブは手数料に依存しない収益構造を構築し、2019年10月に上場株式とETFのオンライン・モバイル経由での売買手数料を無料化しています。

米国株式市場はパッシブ化が大きく進展

●パッシブ比率は約4割

ボストン連銀は2020年5月の『アクティブ運用からパッシブ運用へのシフトの金融市場の安定へのリスク』で、以下のような趣旨のことを述べています。

・過去20年間にアクティブからパッシブへのシフトは、資産運用産業に甚大な影響を与えた。
・米国のミューチュアルファンドとETFに占めるパッシブ比率は1995年3%↓2005年14%↓2020年3月41%と高まってきた。
・株式ファンドでパッシブは48%、債券ファンドでは同30%を占めるが、この比率はともに1995年に5%以下だった。
・パッシブ・ミューチュアルファンドとETFに保有される米国株の比率は2005年の4%以下から14%に高まった。
・パッシブ化が金融システムの安定に与える影響は、以下の4点が挙げられる。
①流動性形成と償還リスクの軽減。パッシブ投資家はアクティブ投資家よりパフォーマンスに敏感でないので、金融危機時の大量償還で市場を不安定化するリスクが小さい。ETFはミューチュアルファンドと違って現金を投資家に返す必要がないので、ミューチュアルファンドからETFへのシフトは大量償還に伴う不安定化効果を抑制する。
②レバレッジETFやインバースETFがボラティリティを高めている可能性はある。
③資産運用産業の寡占化で、一部の運用会社にオペレーション上の問題が生じたとき、潜在的リスクが増長される可能性がある。大手4社（バンガード、ブラックロック、ステートストリート、フィデリティ）がミューチュアルファンドおよびETFの運用資産に占めるシェアは

１９９９年12月の25％から、２０１９年12月に46％に高まった。２００４年以降、パッシブ運用資産の約９割は上位10の運用会社によって占められている。

④Ｓ＆Ｐ５００などの株価指数に組み入れられることで株価が上昇する“Index-inclusion effect”は、どちらともいえない実証結果だ。

●莫大な規模のＥＴＦ市場

日本のＥＴＦ残高は２０２０年10月末に47兆円と3年前比で１・６倍に増えましたが、もっぱら日銀のＥＴＦ購入がドライバーであり、日銀がＥＴＦの７割超を保有します。

日本で最大のＥＴＦは野村アセットマネジメントのＴＯＰＩＸ型ＥＴＦで純資産が２０

図表4-6：国別のETFへの資金フロー

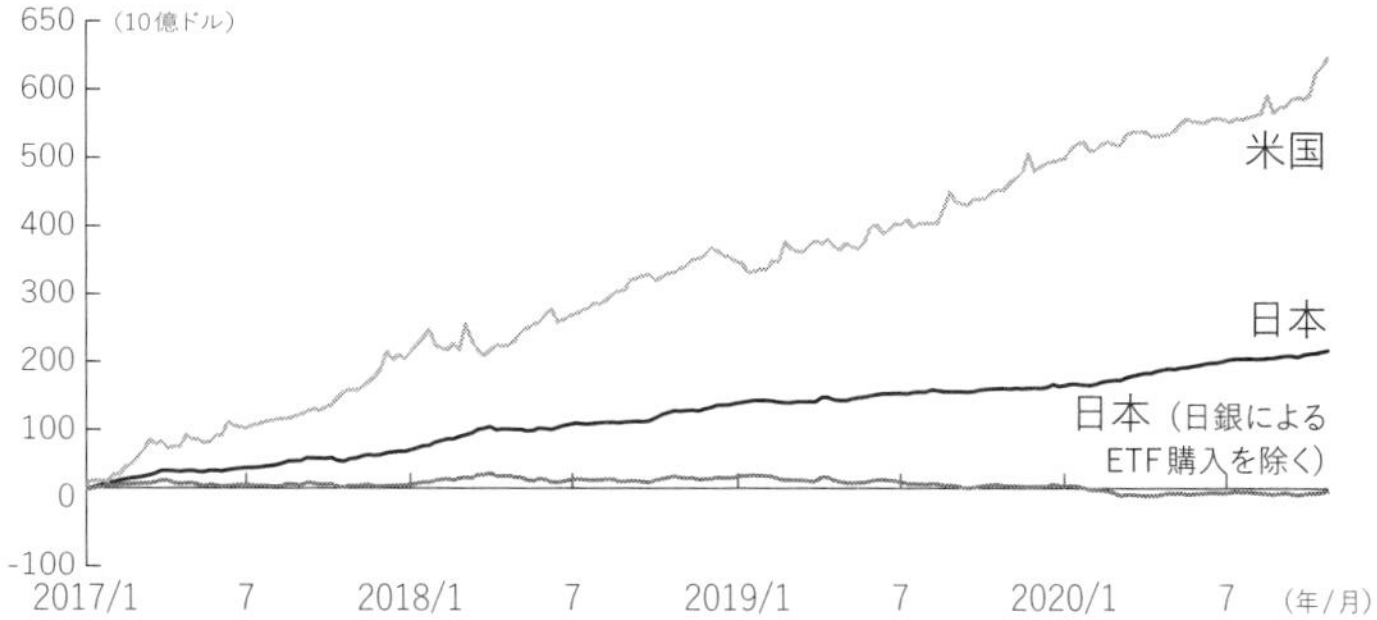

注：2017年初からの累計額、2020年11月25日時点
出所：EPFR Globalよりみずほ証券エクイティ調査部作成

20年11月末時点で約14兆円です。一方、米国のETF残高は日本の10倍以上あり、うち最大のETFはステートストリートのS&P500型のETF（ティッカーはSPY）で純資産は2780億ドル（29兆円）に達し、東証にも上場しています。このETFは世界で最も歴史が長く、純資産が最も多いETFとして知られています。S&P500型のETFは日興アセットマネジメントも東証に上場していますが、純資産は570億円（為替ヘッジあり、なしを含む）に留っています。

米国のETFは規模の大きさと種類の多さが日本の比ではありません。日本では業種別ETFの純資産が極めて小さいですが、米国ではバンガードの"Information Technology ETF"（ティッカーはVGT）の純資産が400億ドル（4・2兆円）あり、当然のごとくGAFA株が上位に組み入れられています。日本の高配当ETFの純資産は極めて小さいですが、バンガードの"Dividend Appreciation ETF"（同VIG）の純資産は560億ドル（約6兆円）あります。日本のESGやSDGs公募投信の残高は極めて小さいですが、ブラックロックの"iShares ESG MSCI 米国リーダーズESG"の純資産は25億ドル（約2600億円）あります。世界のETFへの資金流入では米国株が1人勝ちになっています。

●最大手の上場運用会社のブラックロックの運用資産は7・3兆ドル

ブラックロックの2020年3Qの収益は前年同期比18％増の44億ドル（4600億円）、純利益は同27％増の14億ドル（1500億円）と好調でした。3Qに1290億ドル（14兆円）の純資金流入があり、運用資産は同12％増の7・8兆ドル（約820兆円）に増えました。日本では運用会社として最大手の野村アセットマネジメントの2020年9月末の運用資産が56兆円ですので、その15倍であることを意味します。

ローレンス・フィンクCEOは2006年以降、CEOを務め、事業会社に対して様々な経営提案をすることが有名です。フィンクCEOは安倍前首相とも面会し、菅首相ともオンライン会議をしました。ブラックロックはパッシブ運用が主なので、気候変動問題に

図表4-7：ブラックロックの運用資産と純利益の推移

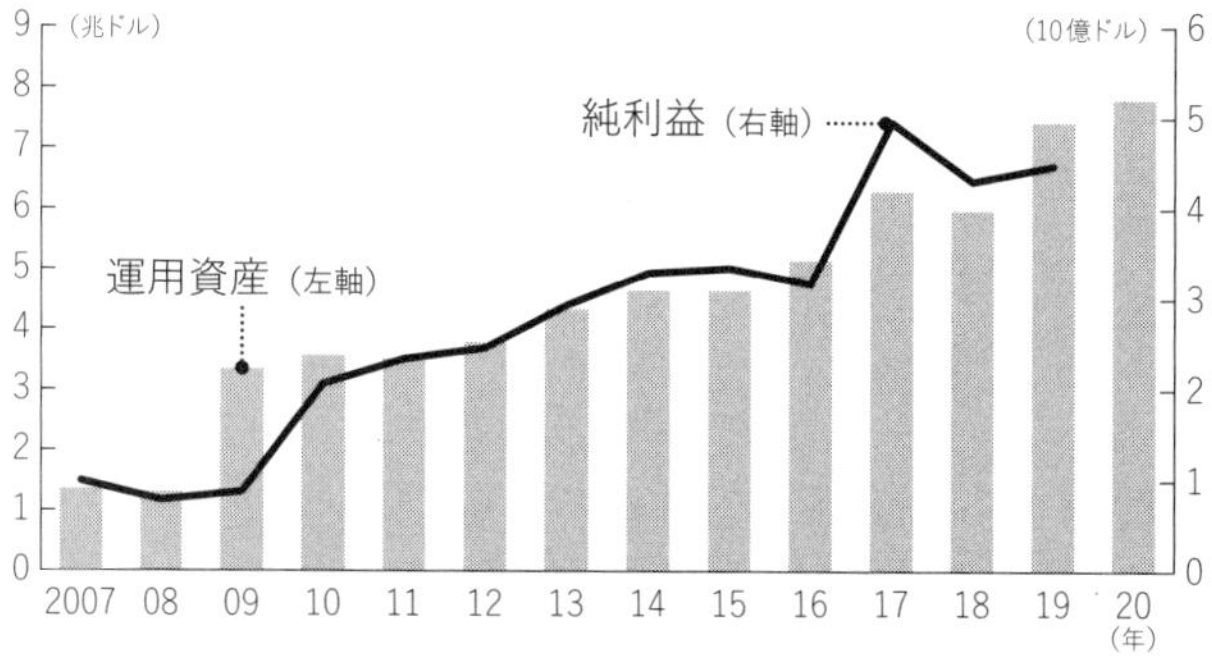

注：各年末時点（2020年は9月末時点）。純利益はGAAPベース
出所：会社資料よりみずほ証券エクイティ調査部作成

積極的でないと環境団体から批判されたこともありましたが、最近は投資先企業に対しても、気候変動問題の重要性を強調しています。

プロダクト別では株式ファンドへの流入額が22億ドルと小さかったものの、フィクスドインカム（債券）に703億ドル、キャッシュ・マネジメント（公社債や短期金融商品など）に278億ドル流入しました。投資スタイル別ではアクティブに296億ドル、インデックス&iShares ETFsに412億ドル流入しました。株式パッシブファンドは手数料引き下げ競争が激化していますが、ブラックロックはフィクスドインカムETFに強みを持ちます。

ブラックロックの株価は11月27日に年初来高値を更新し、時価総額は約1070億ドル（11兆円）と、三菱UFJフィナンシャルグループの2倍近くに達しています。

ブラックロックはGPIFの日本株パッシブ運用を4・2兆円（2020年3月末時点）受託していました。日本株アクティブ運用では、コーポレートガバナンスが良い企業に集中投資する「ガバナンス・フォーカス・ファンド」を運用していますが、純資産が2020年9月末時点で71億円と、ブラックロックにしては小規模になっています。

●ETFで急成長したバンガード

ETFで急成長しているバンガードは1975年にペンシルベニア州バレーフォージに、

ジョン・ボーグル氏によって創業されました。世界に19拠点あり、従業員数は約1・8万人で、2020年3月末時点でグローバルに提供しているファンド数は425本、3000万人以上の顧客がおり、運用資産はブラックロックに次ぐ5・3兆ドル（約550兆円）です。米国籍投信の平均経費率0・62％に対して、バンガードは0・11％と低コストを売りにして急成長しました。バンガードは、運用会社は投資家の利益だけのために経営されるべきだとの革新的なアイディアに基づいて創業されました。低コスト、長期志向、投資家の目的へのフォーカスがバンガードの投資哲学です。

創業者のジョン・ボーグル氏は2017年の著書『インデックス投資は勝者のゲーム‥株式市場から利益を得る常識的方法』で次のような趣旨のことを述べています。

〈歴史が証明しているが、株式投資で成功する戦略とは、米国上場企業の株式すべてを、極めて低いコストで保有することである。そうすることで、これらの企業が配当や利益成長という形でもたらすリターンのほぼすべてを獲得することができる。この戦略を実行する最良の方法も極めてシンプルだ。市場全体のポートフォリオを有するファンドを取得し、永遠に持ち続けることだ。企業がもたらす大きなリターンを複利で運用することが持つ力を過小評価すべきでない。保有する企業の株式が年7％のリターンと仮定すると、10年間で元本が約2倍になる。長期的な株式投資は勝者のゲームなのだ。資産運用会社や証券会社の取り分が増えれば、それだけ投資家が手にするものは減る。投資にかかるコストを差し引いた後では、市場に勝とうとすることは敗者のゲームだ。平均的な株式ファンドの投資家が手にするリターンはインデックスファンドの半分以下である〉

バンガードは2020年8月にアジアで日本と香港から撤退し、中国本土市場に集中すると発表しました。日本で貯蓄から投資へのシフトが十分進まず、日本経済は将来的にも成長が見込めないので、コスト意識が高いバンガードが日本市場を見切ったようです。日本で販売しているファンドでは「セゾン・バンガード・グローバルバランスファンド」（2020年11月末時点の純資産2276億円）が代表的ファンドです。

COLUMN

ブラックロックの世界市場の見方

ブラックロックの市場の見方はWebの"BlackRock Investment Institute"に掲載されています。世界各地にいるブラックロックの投資プロフェッショナルの投資行動にどれほど反映されているかは不明ですが、世界最大の投資家の資産や地域ごとの投資の考え方を知るのに役立ちます。

2020年9月のInvestment Viewsでは、コロナウイルスが落ち着いていることや積極的な政策対応が行なわれているため、中庸なリスクを取る資産配分を維持しましたが、株式よりもクレジットのほうを選好すると述べました。クレジット資産には投資適格債、高利回り債、EU周辺国債などを含みます。

米国の追加経済対策の可能性が遠のいたうえ、大統領選挙の不確実性も増すとの理由から、米国株式をオーバーウエイトから中立へ引き下げました。

新興国の株式と米ドル建て負債の判断も引き下げました。中国以外の新興国はコロナウイルスの収束を十分行なえていないうえ、政策余地も小さいと考えたためです。

日本以外のアジア株も、米中対立が投資家センチメントを悪化させると考えて、オーバーウエイトから中立へ引き下げました。

逆に、景気敏感株が多い欧州株をオーバーウエイト、日本株をアンダーウエイトから中立へ引き上げました。

株式のファクター戦略では、クォリティ（質が高い企業への投資）のオーバーウエイトを増やしました。景気回復に備えて、バリュー（割安株）をアンダーウエイトから中立へ引き上げる一方、ミンボル（最小分散）をオーバーウエイトから中立へ引き下げ、モーメンタムは中立を維持しました。

アクティブファンドはテクノロジー株で勝負

●米国の主要ミューチュアルファンドは理想像か？

米国のアクティブ・ファンドマネージャーはパッシブファンドに押され気味ですが、日本に比べれば、大型のアクティブファンドが多数あります。米国の主なアクティブ株式ミューチュアルファンドは歴史が長く、1本当たりの残高が大きく、1人のファンドマネージャーが長く運用するので、ここに金融庁が日本の投信業界に求めている理想像があるといえましょう。

日本の公募株式投信で純資産最大は1兆円弱であり、日本株アクティブ投信に至っては大きくても純資産4000億～5000億円しかありません。一方、米国のアクティブ株式ファンドで最大なのはキャピタルの"Growth Fund of America"で、11月末時点の運用資産が2253億ドル（約24兆円）もあります。同じキャピタルの"Investment Company of America"は設定が1934年と、86年もの歴史があります。ティー・ロウ・プライスの"Blue Chip Growth Fund"は、ラリー・プーリア氏というポートフォリオ・マネージャーが1993年から27年間にわたって運用を担当しています。

日本の大手運用会社も米国株を自前で運用する体制を構築していますが、ブランド力と運用経験で米系大手運用会社に敵わないという話をよく聞きます。個人投資家も米国株投信を選ぶ際に、実際に運用する米国運用会社の投資哲学や運用者のプロフィールなどを、各社のWebで確かめるのが望ましいでしょう。著名運用会社に関する本や、その経営者が書いた本もたくさん出ています。

●成長株投資を得意とするティー・ロウ・プライス

『T・ロウ・プライス――人、会社、投資哲学』（コーネリウス・ボンド箸）は2019年10月に出た比較的新しい本で、フィデリティと並ぶ米国成長株投資で著名なティー・ロウ・プライスの創業者の生涯が綴られています。

20世紀のトップマネージャーの1人に数えられるプライス氏は、株式市場に影響を及ぼす社会や政治の長期トレンドを予想する驚くべき能力を持っていたそうです。プライス氏は戦後の世界経済が、科学の発展、孤立主義から国際主義、社会化が大きな流れになると考えたそうです。成長株投資の理論の基となる最も重要な哲学は、業界と個別企業の会社のライフサイクルを研究し、理解することだそうです。

ティー・ロウ・プライスは1937年創業で、1950年に立ち上げた第1号ファンドが、1960年に10年間のパフォーマンスで全米1位になったことで、1972年にフォーブス誌で、「成長株投資の祖」と称されました。

2020年3月末時点の運用資産は1兆ドルで、51カ国に顧客がおり、運用プロフェッショナルの平均年数は22年です。創業者の投資哲学を受け継いだ運用プロフェッショナル約660名の協働による強靭なリサーチプラットフォーム、業績や新製品、新技術などの企業を巡る変化を一早く見極め、中長期で2桁以上の利益成長が見込まれる企業の選別に強みを持っています。

運用する米国ミューチュアルファンドの82%が、2019年末までの10年間にモーニングスターの比較可能なファンドの中央値を上回りました。日本で売られている「ティー・ロウ・プライス米国成長株式ファンド（愛称：アメリカン・ロイヤルロード）」（純資産4090億円）の上位組入銘柄はアマゾンやマイクロソフトなど変わり映えしないテクノロジー株が並んでいますが、全84銘柄なので、開示されているトップ10以外に、ティー・ロウ・プライスの銘柄選択能力が反映されているのでしょう。

●米国を代表するグロース投資家のフィデリティ

ティー・ロウ・プライスと並ぶというか、運用会社の規模と格ではティー・ロウ・プライスより上といえるのがフィデリティです。フィデリティは運用のみならず、資産管理業務を強化しているため、運用資産2・8兆ドル（約300兆円）に比べて、管理する総資産は7・7兆ドル（約800兆円）と世界最大級です。フィデリティは非上場企業ですが、2019年の営業利益は過去最高の63億ドルと、上場運用会社で世界最大のブラックロックの55億ドルを上回りました。

フィデリティは1946年にエドワード・ジョンソン氏によって創業されたファミリー企業であり、ピーター・リンチ氏などのスター・ファンドマネージャーを輩出してきました。フィデリティはアクティブ運用に強みを持つ運用会社でしたが、パッシブ運用にも進出し、いまや5300億ドル（約55兆円）のパッシブファンドを持ちます。フィデリティが日本で売っている公募投信で純資産が大きいのは「フィデリティ・USリート・ファンドB（為替ヘッジなし）」や「フィデリティ・USハイイールド・ファンド（為替ヘッジなし）」の5000億円程度であり、米国株投信は「フィデリティ・米国優良株・ファンド」の310億円と大きくありません。

◉フィデリティの「テンバガー・ハンター」

テレビ東京の「モーニングサテライト」でCMをよく見かける「フィデリティ・世界割安成長株投信（愛称：テンバガー・ハンター）」は元祖テンバガー・ハンターとして著名なピーター・リンチ氏に「歴史を通じて最も偉大かつ成功したストックピッカーの1人である」と言わしめた、リンチ氏の愛弟子のジョエル・ティリングハスト氏が運用しています（CMに出ている方です）。

米国ではパフォーマンスが良いファンドマネージャーは長期間同じ会社に勤務することが多いですが、ジョエル・ティリングハスト氏も1986年からフィデリティで働いています。「テンバガー」とはいうまでもなく、株価が10倍になることが期待される銘柄のことです。元来は野球1試合で10塁打あげることを意味する言葉で、ピーター・リンチ氏が使い出したといわれています。2020年10月末時点の「フィデリティ・世界割安成長株投信」（純資産約620億円）の組入銘柄の1～2位は米国金融のメットライフとシンクロニー・ファイナンシャル、3～4位が米ヘルスケアのアレクシオン・ファーマシューティカルズとアンセムでした。同投信のWebでワークマンにも2003～2018年に投資し11・6倍になったと記載しています。

◉フィデリティと並ぶ米国の二大投資家であるキャピタルグループ

フィデリティの本社はボストンですが、フィデリティと並ぶ米国の二大投資家といえるキャピタルグループの本社はロスアンゼルスにあります。キャピタルグループもグロース志向の運用会社です。キャピタルグループは1931年から、数百万人の世界の投資家にリアル・ライフの目的を追求するのを助けたと謳っています。

資本の成長を目指す"The Growth Fund of America"は、アメリカと名前が付いていますが、米国株85%以外に、米国以外の株式にも約10%投資しています。2020年10月末時点でフェイスブック、ネットフリックス、アマゾンにそれぞれ5~6%投資していました。

キャピタルグループのファンドマネージャーはパフォーマンス評価が長期であることが知られており、ファンドごとに運用責任者の投資業界での経験年数、キャピタルグループの勤務年数、ファンドの担当年数が公開されています。このファンドには14人のプロフェッショナルが関わっていますが、キャピタルグループの在籍年数は20~30年のファンドマネージャーが多くいます。キャピタルグループで働く友人は、パフォーマンスは厳しく求められるものの、会社の雰囲気が極めて良く、働きやすいと言っていました。

◉キャピタルグループの投信の純資産は10兆円超

資本の長期成長を目指す純資産1160億ドル（12兆円）の“New Perspective Fund”は2020年11月末時点で米国株に55・6％、欧州株に23・3％に投資するほか、日本株にも4・4％と中立比重の7％より低めの投資をしていました。トップ3の保有銘柄はテスラ、アマゾン、フェイスブックでした。日本で販売されている公募投信の「キャピタル世界株式ファンド」（純資産1100億円）は北米株に58％、欧州株に25％、日本株に5％投資しており、トップ3の組入比率はテスラ、フェイスブック、アマゾンでした。

キャピタルグループは2020年9月の機関投資家向け資料『クオリティ・グロース：低金利で示される安定性』で、「クオリティ・グロースの特徴は経験豊富な経営陣、健全なバランスシート、高い資本利益率、潤沢なキャッシュフローであり、クオリティ・グロース企業は世界景気が減速するなかでも高い成長可能性を示す」と述べました。

キャピタルグループの特徴は、2005年に出版されたチャールズ・エリス著『キャピタル　驚異の資産運用会社』に詳しく記述されています。「キャピタルの成功要因は、①長い時間とお金をかけて熟成させてきた人事政策、②複数のファンドマネージャーがポートフォリオを担当するというユニークな制度、③市場環境に左右されない一貫した運用哲学と投資手法にある。キャピタルの組織のあらゆる部分が、顧客の長期的な利益を上げるために設計されている」といいます。

◉アライアンス・バーンスタインは米国大型株アクティブ運用が好調

フィディリティやキャピタルグループは上場していませんが、アライアンス・バーンスタインはブラックロック同様にニューヨーク証券取引所に上場しています。

アライアンス・バーンスタインの2020年3Qの純収益は前年同期比2%増の9・0億ドル（945億円）、営業利益は同14%増の2・1億ドル（221億円）でした。9月末の運用資産は6310億ドル（約66兆円）でした。Large Cap Growth、Global Core、American Growthなどのアクティブ株式ファンドへ資金が流入しました。富裕層にオルタナティブ商品などを提供するプライベート・ウェルス・マネジメントの上期の売上が前年同期比10%増となりました。

日本における公募投信では、北米株式ファンドで最高位の運用実績（過去3年で同カテゴリーの104ファンド中1位）を誇る「米国成長株投信」の純資産が1兆円を突破しました。「米国」＝「進化」＋「成長」＋「イノベーション」と謳っています。2020年10月末の組入上位3銘柄はアルファベット、マイクロソフト、フェイスブックでした。過去5年間のパフォーマンスがS&P500を大きく上回ったのは、外部環境に左右されない持続的な成長企業への厳選投資が奏功したためです。一方、日本株公募投信である「日本プレミア・バリュー株投信」の純資産は3億円にすぎません。

●米国の大型ファンドはいずれもテクノロジー株をオーバーウエイト

米国の大型投信はいずれも、GAFA株の微妙なオーバーウエイトの差で、ベンチマークに対するパフォーマンスを競っています。ティー・ロウ・プライスの"Blue Chip Growth Fund"は、①市場ポジションのリーダー、②優れた経営陣、③平均以上の成長と収益性を持つ企業に投資します。このファンドはS&P500とラッセル1000グロースをベンチマークにしており、対S&P500では1〜15年の計測期間でいずれもアウトパフォームしており、対ラッセル1000グロースでは1〜3年では若干アンダーパフォームしていますが、5〜15年ではアウトパフォームしています。情報テクノロジーをどれほどオーバーウエイトしてきたかが、ベンチマーク比でのパフォーマンスを左右しましたが、当ファンドの2020年10月末時点の情報テクノロジーの比重は37・7%と、S&P500の同比重27・4%を10%ポイントも上回るオーバーウエイトでした。

運用資産1250億ドル（約13兆円）のフィデリティの"Contrafund"は強い競争ポジション、高ROC、強固なフリーキャッシュフロー創出力、強い経営陣を持つ企業に投資します。外国株にも投資できますが、10月末時点で米国株が90・6%を占め、欧州株が2・6%、カナダ株が2・5%、で、日本株に至っては0・2%の組入比率でしかありませんでした。当ファンドは過去1～10年において、ベンチマークのS&P500をアウトパフォームしています。

米国の多くの大型グロース株ファンドはいずれもGAFA株を上位に保有しており、GAFA的な株のどこをオーバーウエイトするかで相対パフォーマンスを競っているといえます。

COLUMN

GAFAの様々な呼び方

S&P500の時価総額の約4分の1をアップル、マイクロソフト、アマゾン、アルファベット、フェイスブックの5社が占めるので、S&P500について語ることはこの5社を語ることといっても過言でありません。

米国の大手テクノロジー企業をまとめて表現するには様々な呼称があります。FANGは「Facebook、

Amazon、Netflix、Google（Alphabet）で頭文字をとって、ＣＮＢＣの名物コメンテーターのジム・カーター氏が“Mad Money”という番組で２０１３年に使ったのが初めてといわれます。その後、Appleが加わって、ＦＡＡＮＧという呼名ができました。

ニューヨーク証券取引所で計算されているNYSE FANG+指数は、ＦＡＮＧにアップル、ツイッター、エヌビディア、テスラを加えた米国企業８社に、アリババとバイドゥの中国２社の合計10社で計算される等価株価指数です。NYSE FNAG+指数にマイクロソフトは入っておらず、米中関係が悪化したいまであれば、中国２社は入れられてなかったでしょうし、入ったとしても、バイドウではなくテンセントだったでしょう。NYSE FNAG+指数は２０１４年９月を１０００ポイントとして指数化されており、２０２０年８月までに４・７倍に上昇しました。

２０１７年から米国のインターコンチネンタル取引所（ＩＣＥ）で株価指数先物取引が行なわれており、日本では同指数へ円ベースで連動を目指す投信「大和-iFreeNEXT FANG+インデックス」が出されています。日本ではＧＡＦＡ（Google、Amazon、Facebook、Apple）という言葉が使われることが多いですが、これにマイクロソフトを加えた企業群はＦＡＡＭＧやＧＡＦＡＭと呼ばれ、ＦＡＮＧにマイクロソフトとAppleを加えたＦＡＮＭＡＧという言葉で呼ばれます。

中国の大手ＩＴ企業はＢＡＴ（バイドゥ、アリババ、テンセント）、またはこれにファーウェイを加えてＢＡＴＨと呼ばれ、田中道昭著『ＧＡＦＡ×ＢＡＴＨ』という本も出ています。すなわち米中大手テクノロジー企業間の覇権争いが起きています。

ESGで投資のトレンドが変わるか？

◉「グローバルESGハイクオリティ成長株式ファンド」の組入銘柄

アセットマネジメントOneはアフターコロナの世界でESG（Environment、Society、Governance）重視の風潮が一層高まるとの思いから、2020年7月20日に「グローバル・ハイクオリティ成長株式ファンド」のESG版を設定しました。ESGファンドでは従来の4つの切り口に、ESG評価を加えます。この投信のESG投資は、ネガティブスクリーニング（酒、たばこ、ギャンブル、化石燃料、武器等、国の保有比率20％超を除外）と、ESG評価が高い銘柄の組入比率引き上げの両面から行ないます。2020年10月末時点で純資産が6600億円にも達しました。日本の個人投資家のESGへの理解が進みつつあることを示しました。

2020年10月17日の日本経済新聞は、「1～9月のESG投信への資金流入額が前年同期比13倍の7200億円に達した」と報じましたが、そのうちほとんどがこの投信だったといえます。

「グローバルＥＳＧハイクオリティ成長株式ファンド」の組入銘柄が、ＥＳＧ版でない投信とどのように異なるか注目されていましたが、２０２０年10月末時点で、ＥＳＧ版でない投信に比べてＥＳＧ版は、国別比重で米国が63・5％→73・3％、日本が2・1％→2・8％と高まった一方、中国が15・7％→6・9％と大きく低下しました。業種別比重では情報通信が37・9％→45・6％、ヘルスケアが2・4％→5・9％と高まった一方、一般消費財・サービスが27・6％→20・3％と低下しました。

米国のテクノロジーやヘルスケアにＥＳＧスコアが高い企業が多い一方、中国や景気敏感株にＥＳＧスコアが低い銘柄が多いことの反映でしょう。両投信ともにトップ組入銘柄はアマゾンでしたが、ＥＳＧファンドではアルファベットがトップ10から外れた代わりに、セールスフォース・ドットコムがトップ10に入りました。アルファベットよりセールスフォース・ドットコムのＥＳＧスコアが高いのでしょう。

●米国でもＥＳＧファンドへの資金流入が加速

米国は欧州に比べてサステナブル投資に積極的でない印象がありますが、"Global Sustainable Investment Alliance"によると、米国のサステナブル投資残高は２０１６年8・7兆ドル→２０１８年12兆ドル（１２６０兆円）と増えました。日本におけるサステナブル投資もGPIFの積極性が手伝い、同期間に0・5兆ドル→2・2兆ドル（231兆円）と4・5倍に増えましたが、米国の5分の1以下です。

コロナ危機は当初ESGのS（社会）への関心を高めましたが、①欧州の経済復興を目指すグリーン・リカバリー政策、②バイデン前副大統領のクリーン・エネルギー政策、③菅政権の2050年に温室効果ガスの排出量実質ゼロを目指す政策などを背景に、世界的にE（環境）への関心が再び高まっています。

2020年6月に米国労働省はエリサ法（企業年金法）のフィデューシャリー（受託者）は、ESGの投資戦略が年金のリターンを低下させ、リスクを高める可能性があるならば、非財務目的のためにESG商品に投資すべきで

図表4-8：世界のESGファンドへの資金流入の推移

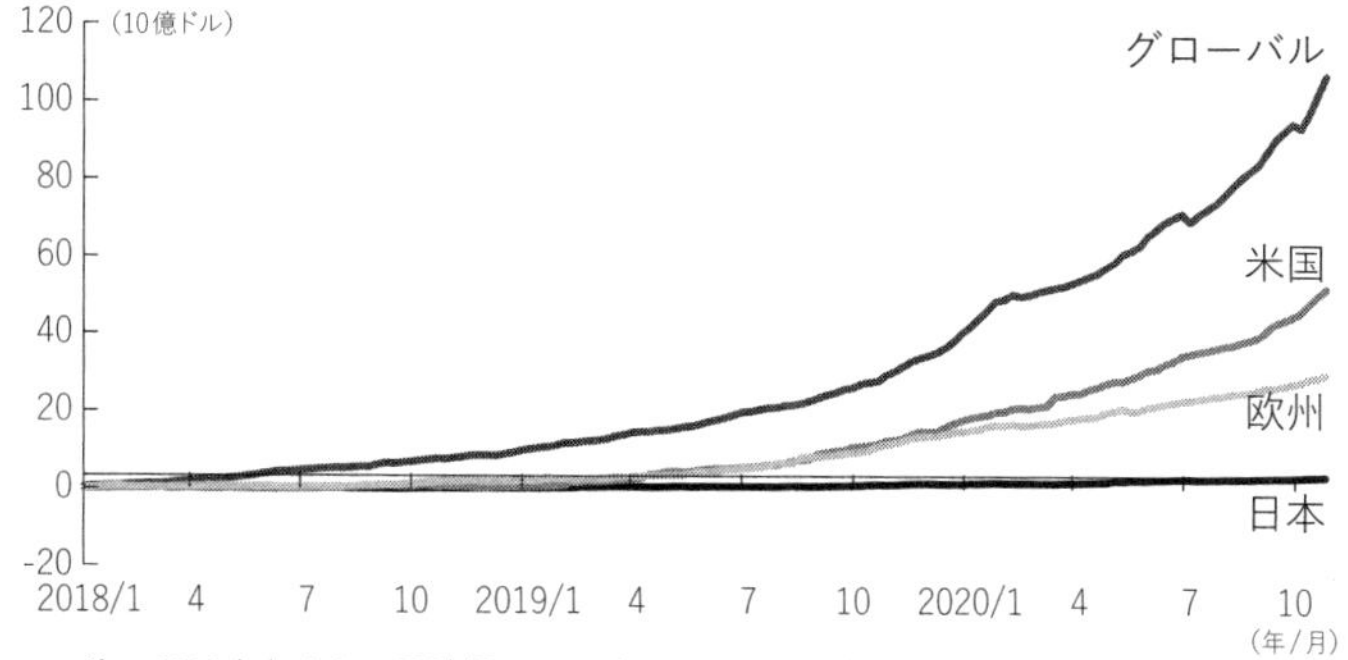

注：2018年初からの累計額、2020年11月25日時点
出所：EPFR Globalよりみずほ証券エクイティ調査部作成

ないことを求めるルール（Financial Factors in Selecting Plan Investments）を発表しました。年金の401kプランのESG投資を事実上制限する案でした。

7月末までパブリックコメントを求めたところ、1500ものコメントが寄せられました。うち1100をWebに公開しました。パブリックコメントは①パブリックコメントの期間が短すぎる、②ESGの特徴を誤解している、③ファクトに基づく裏付けが欠如している、④サステナブル投資に関心が高い若者の貯蓄意欲を低下させるなどに集約されましたが、おおむねネガティブな反応でした。たとえば、ブラックロックは「労働省は運用業界が投資にESGファクターをどのように活用しているかの理解が不十分なので、もっと対話すべきだ。そうしなければ、提案がエリサプランに大きなコストと重荷を課すことになる」と警鐘を鳴らしました。バイデン政権になれば、米国の投資業界もよりESG重視になると予想されます。

●ブラックロックのスチュワードシップレポート

ブラックロックは2020年9月に発表した“Investment Stewardship Annual Report”で次のような趣旨のことを述べています。

〈我々は2020年1月に企業に、サステナビリティを我々が投資し、リスクを管理し、ポートフォリオを構築し、商品をデザインし、スチュワードシップ責任を果たすための重心事項にするとのレターを送った。ビジネスモデルに根差した大きな気候変動リスクがある２４４社の企業に注目し、気候変動リスクを管理し、和らげる施策を取るように求めた。気候変動リスク管理に十分な進展がなかった53社に反対の議決権行使をし、１９１社を要注意リストに入れた。我々は今年、６４０社以上と人的資本の管理についてエンゲージメントを行ない、１２５社と社会的問題についてエンゲージメントを行なった〉

　ブラックロックは環境団体から環境への取組みが不十分と批判されることもありますが、同じ大手パッシブファンドのバンガードに比べると、ＥＳＧ活動に積極的です。ブラック

図表4-9：ブラックロックの投資先企業とのエンゲージメント状況

取締役会の実効性		議決権行使での会社への反対理由	反対数
エンゲージメント件数	1,593	取締役の多様性の欠如	1,569
		兼任社数の多い取締役（CEOを除く）	728
		独立性の欠如	1,762
環境リスクと事業機会		議決権行使での会社への反対理由	反対数
エンゲージメント件数	1,260	気候変動情報の開示が不十分	55
		環境関連の株主提案	6
長期企業戦略と資本政策		議決権行使での会社への反対状況	反対数
エンゲージメント件数	1,427	関連当事者取引の承認に係る事項	303
		株式発行の承認に関する会社提案に反対した割合	12.8%
人的資本		エンゲージメント内容	件数
エンゲージメント件数	750	人材管理関連のみをテーマにしたエンゲージメント	641
ロングターミズムを促すための報酬制度		議決権行使での反対事項	反対数
エンゲージメント件数	1,185	Say on Pay、報酬レポート、報酬方針	1,084
		報酬委員である取締役の再任	666

注：2019年7月～2020年6月
出所：会社資料よりみずほ証券エクイティ調査部作成

ロックのラリー・フィンクＣＥＯは、定期的に投資先企業のＣＥＯに時の話題についてレターを送っていますが、２０２０年７～９月は「金融の抜本的な見直し」とのタイトルで、「気候リスクは投資リスク」や「株主への情報開示の改善」などで、気候変動関連情報の改善を求めました。

ADVANTAGES ASSOCIATED WITH
LONG-TERM INVESTMENTS IN US STOCKS

第 5 章

米国企業の実像を探る

知っておきたい米国企業のポイント

●米国企業の業績発表の仕方

米国企業はＧＡＡＰ（Generally Accepted Accounting Principles＝一般に公正妥当と認められる会計原則）以外に、この原則に基づかないノンＧＡＡＰ（non-GAAP）の業績を発表する企業が多くあります。減損等の一時要因を除いた利益をノンＧＡＡＰとして扱うケースが多くなっています。ＧＡＡＰは“reported”、ノンＧＡＡＰは“adjusted”と表現されることが多々あります。

広く一般に適用される会計ルール（ＧＡＡＰ）に基づく情報は汎用性が高い反面、必ずしも個社の事業の特性を的確に表しているとは限りません。グロービス経営大学院教員の溝口聖規氏は、「ＧＬＯＢＩＳ知見録」で、ＧＡＡＰとノンＧＡＡＰに基づく業績発表をフィギュアスケートにたとえれば、前者が規定演技、後者は会社が独自の切り口で投資家にアピールするフリー演技だと面白い表現をしました。

米国企業はＭ＆Ａを多用するうえ、国際的なオペレーションも行なっているので、ノンＧＡＡＰにＥＢＩＴＤＡ（Earnings Before Interests Taxes Depreciation and Amortization）を使う企業も少なくありません。企業は業績を良く見せたいわけですから、GAAPよりノンGAAPの業績が良い傾向にあります。多くの日本企業が3月決算で短信での業績発表の仕方も単一ですが、米国企業は決算発表時期もばらけていますし、業績発表の仕方もバラエティーがあるので、自由演技の側面が強いといえます。

●FedExのノンGAAPでの業績発表

FedEx（フェデックス）の2020年6〜8月の売上はGAAP（Reported）でも、ノンGAAP（Adjusted）でも同じ193億ドル（約2兆円）でしたが、営業利益はGAAPが15・9億ドル（約1700億円）、ノンGAAPが16・4億ドルで、希薄化後EPSもGAAPが4・72ドルに対して、ノンGAAPが4・87ドルでした。

当然、どちらのEPSを使うかによって、PERなどのバリュエーションも違ってきます。米国では各会計項目のうちEPSが最も重視されるので、日本でも見られるCNBCなどの放送では、テロップでEPSが市場予想を上回ったかどうかが流されます。FedExの今回の利益調整は、TNT Expressの統合費用等を除いたものでした。FedExの決算発表資料には「ノンGAAPファイナンシャル・メジャーはGAAPを補うものなので、GAAPの結果と合わせて読むべきだ」との注意書きがありました。

日本企業でも、米国会計基準やＩＦＲＳ（国際会計基準）を使う企業が調整後利益等のノンＧＡＡＰを公表しているケースがあります。たとえば、武田薬品は調整後利益をCore Earnings（中核利益）として公表しています。武田薬品の２０２０年度上期決算で財務ベースからコアへの調整項目には、無形資産に係る償却費および減損損失、その他営業収益・費用、シャイアー社買収関連費用、シャイアー社に係る企業結合会計の影響、テバ合弁会社に係る会計処理影響などがあり、実質的なコア営業利益率は通期および中期での利益率目標に向かって順調に進捗していると述べました。

◉ナイキの業績発表の仕方

ナイキは２０２０年９月22日に２０２１年度１Ｑ（２０２０年６～８月）の業績を発表しましたが、①日本でいえば決算短信のような"REPORTS FISCAL 2021 FIRST QUARTER RESULTS"という決算書、②付表、③WebCASTという決算説明会（EARNINGS CALL）の録音、④決算説明会の原稿で構成されました。決算説明会は名前やメール等をネットで登録すれば、日本からも聞くことができます。

ナイキの２０２０年６～８月の売上は前年同期比ほぼ横ばいでしたが、売上が１０６億ドル（約１兆円）と、日本のアシックスの７～９月売上の約10倍もあります。ナイキは時価総額約２１１０億ドル（22兆円）とアシックスの３５７０億円の約60倍もあります。ナイキは海外売上比率が約６割なので、業績が通貨変動の影響を強く受けます。決算説明会では通貨変動を一定（constant-dollar）と仮定したノンＧＡＡＰベースで議論することがあるので、比較可能なＧＡＡＰ指標や定量的な調整はＷｅｂサイトにプレゼン資料があると最初に述べました。決算説明は通常ＣＥＯとＣＦＯによって行なわれ、その後アナリストからの質問を受けることが一般的です。経営陣による説明とアナリストによる議論は、"Earnings Release Conference Call Transcript"（業績リリース・コンファレンスコール原稿）としてＷｅｂに掲載されるので、時間があるときに読むことができます。

●ナイキはアマゾンとの取引を停止

米国企業は利益率を重視するので、ナイキは粗利益率がコロナ禍の影響で90ベーシスポイント（％ポイントの１００分の１）低下の44・８％だったと報告しました。多国籍米国企業は支払う税金を最小化するのが株主のためだと考えるので、ナイキは実効税率が11・５％と前年同期の12・４％より低下したと誇りました。景気が悪ければ、経費削減やリストラで利益を出すのが米国企業なので、売上横ばいでも、純利益は11％増の15億ドル、希薄化後のＥＰＳは10％増の０・９５ドルだったと報告されました。

多くの小売企業同様にナイキもデジタル化やＳＮＳを使ったマーケティングを推進しており、デジタル売上が82％増となり、売上全体の３割を占めるようになりました。ナイキは２０１９年11月に中間マージンを取られるアマゾンでの販売を止めて、自社のＥＣサイトやリアル店舗での販売に切り替えました。ナイキ・ジョーダン・ブランドのＳＮＳアクセスは約50億回と過去最高になりました。

小売業なので在庫管理が重要ですが、市場の在庫は健全な範囲だと述べました。ナイキはロジスティクス作業に、ロボットやオートメーションの導入を加速しています。説明会では、スポンサー契約しているテニスの大坂なおみ選手の"Black Lives Matter"（黒人の命は重要）活動についても言及されました。

◉キャッシュフロー重視のアマゾンの決算開示

日本企業の決算短信は表紙に始まり、型にはまった開示が多いですが、米国企業の四半期開示は開示の順番など、かなり自由度があります。アマゾンはキャッシュフロー重視の経営をしてきたので、決算発表でも売上や利益の前にキャッシュフローが開示されています。２０２０年３Ｑの決算開示では、真っ先にＴＴＭ（Trailing Twelve Months＝12カ月累計）の営業キャッシュフローが前年同期比56％増の５５３億ドル（約６兆円）、フリーキャッシュフローが235億ドル→295億ドル（約3兆円）に増えたと開示されました。その後にファイナンス・リースの支払等を除いたフリーキャッシュフロー、普通株式数残高が開示された後にようやく、純売上、営業利益、純利益が開示されます。

純売上の開示は12カ月累計ではなく、四半期のみで前年同期比37％増の961億ドル（約10兆円）と急増しました。3Qの純利益は63億ドル（6600億円）、希薄化後EPSは12・4ドルと、前年同期比から3倍近くに増え、世界的な巣ごもり消費の恩恵を感じさせました。

アマゾンは、倉庫の従業員の過酷な労働が批判されることもあるので、決算発表報告のハイライトの最初に、賃上げや従業員へのサポートを掲げました。3Q決算では、2年前に最低賃金を15ドルに上げて、従業員に業界をリードする賃金とヘルスケアを提供しており、今年40万人以上の雇用を増やしたと述べました。2Q決算では、最優先事項は従業員とパートナーに健康と安全を与えることだとして、従業員のコロナ関連の安全性を高めるために、40億ドル以上費やし、すべてのフロントの従業員とパートナーに5億ドルの"Thank You"ボーナスの一時金を出したと述べました。従業員へのサポートの次に掲載されたのは、コミュニティへの投資であり、440万個のマスクと数千の体温計などを含む1000万ドルの健康器具を寄付したことが報告されました。3番目の開示は、地球の保護であり、20億ドルの"Climate Pledge Fund"のローンチなどが含まれました。

●主要米国企業の海外売上比率

主要米国企業はオペレーションのグローバル化が進んでいますが、ドルで商売ができるので、日本企業ほどは為替変動の影響を受けません。S&P500企業の海外売上比率は4割程度です。ナイキの2020年6~8月の地域別売上は北米が42%、EMEA(Europe、Middle East & Africa)が29%、中国圏(Greater China)が18%、アジア&南米が11%でした。前年同期比の伸び率は北米が1%減だったのに対して、コロナ禍から一早く回復した中国圏が8%増でした。

ナイキは広州市に"data-powered store"をコンセプトとする新店を開業するなど、中国事業を強化しています。以前は地域別売上に日本という分類がありましたが、日本比率が低下するにつれて、アジアの中へ含められました。トランプ大統領の中国批判にもかかわらず、ナイキの中国圏売上比率は2016年の12%から高まりました。

一方、アップルは日本の売上比率をまだ発表しています。2020年9月までの1年間の地域別売上比率は米州が45%、欧州が25%、中国圏が15%、日本が8%でした。ローカルメーカーのシェアが上がっている中国圏の売上が8%減となった一方、日本の売上は横ばいで、米州の売上が7％増えました。

◉米国大企業は実効税率引き下げの努力を行なう

フェイスブックの地域別売上は2020年3Qに北米が47％、欧州が24％、アジア太平洋が20％でした。

アマゾンは2019年4Q～2020年3Qの純売上のうち62％が北米、26％が海外、12％がAWS（アマゾン・ウェブ・サービス）と、通販とAWSを分けた開示になっています。

キャタピラーの2020年3Qの建機売上は、売上の44％を占める北米が前年同期比35％減と不振だったものの、同30％を占めるアジア太平洋が同14％増と増えました。コロナ禍から真っ先に回復した中国での売上が増えたためです。

製造業は地域別売上の開示が容易ですが、ソフトウェア産業は開示していない企業もあります。たとえば、マイクロソフトは四半期売上を開示していません。

地域別利益については、米国企業は税率が低い国で利益をできるだけ出して、合法的な範囲で会社全体の実効税率を引き下げるのが株主のためになると考えられています。実効税率をどれだけ引き下げることができるのかが、腕の良いCFO（Chief Financial Officer）の目安とされます。こうした節税行為がGAFAなどを中心に、税逃れとの批判を受けて、各国国税当局と多国籍企業との対立構図になっています。たとえば、米国の連邦法人税率はトランプ大統領が21％まで下げましたが、アップルの実効税率は２０１８年９月期が18・3％、２０１９年15・９％でした。

◉米国企業は中期経営計画にＲＯＥの目標を発表しない

日本企業の中期経営計画は大抵３年で、売上、利益、ＲＯＥ等の目標値が発表され、株式市場もそれらの数値に反応することが多くあります。日本の経営者の真面目な気質を反映している面がある一方、日本のアナリストの能力が低いので、企業の中期経営計画のガイダンスなしに、中長期の業績予想をできないのではとの指摘もあります。

日本企業はＲＯＥの意識が低かったので、日本企業にＲＯＥ意識を高めてもらうために、ＲＯＥを中期経営計画に入れるべきだといわれます。米国企業ではＲＯＥ重視は当然なので、わざわざＲＯＥの目標を掲げる必要がありません。売上は景気状況に左右されるので、目標に掲げる意味がないともみられています。

米国企業では経営者が最もコントロールしやすいＥＰＳが重視されます。景気が悪くなって売上が減れば、リストラなどのコスト削減を行なって利益を出せばいいし、自社株買いを行なってＥＰＳを増やすことも可能です。

たとえば、FedExはWebに掲載している“Mission & goals”で、期限を定めない長期的なゴールとして、①EPSを年10～15％増やす、②利益率が高い売上を伸ばす、③営業利益率10％以上を達成、④キャッシュフローを改善、⑤ROIC（投下資本利益率）を増やす、⑥株主へのリターンを増やすことを目標に掲げています。

そのための成長戦略として、①コア・パッケージ事業を伸ばす、②国際的に成長、③サプライチェーン能力を伸ばす、④ECとテクノロジーを通じた成長、⑤新たなサービスとアライアンスを通じた成長を掲げています。

米国大企業は良いシチズンシップが求められるため、“2020 Global Citizenship Report”では、2019年度以来CO_2排出原単位を40％削減した、電気自動車による配達を千台増加、2300万kWhの再生可能エネルギーによる発電、従業員の授業料を1530万ドル補助、6240万ドルを企業チャリティーに寄付したことなどを成果として挙げました。

◉米国企業のROEは日本企業の2倍以上

2014年に発表された『伊藤レポート』※は、「最低資本コストを超えるROEを目標にすべきだ。その目安として8～10％、グローバル企業は世界の投資家を惹きつけるために欧米並み（15％レベル）を目指してほしいとの指摘があった」と述べました。

東証一部の加重平均ROEは2017年度に9・1％まで上昇したものの、コロナ禍の悪影響もあった2019年度には6・3％に低下し、欧米企業のような二桁に乗ることはありませんでした。2020年の予想ROEはTOPIXの5・2％に対して、S&P500企業も業績が悪化したとはいえ15・7％と、TOPIXの約3倍でした。欧米企業では投資家からROEを重視しろと言われなくても、重視するのが当然になっています。そうしないと、経営者は株主によって解任されてしまいます。

ROEは売上高純利益率×資産回転率×レバレッジに分解されますが、日米企業で最も

図表5-1：日米企業のROEの要因分解

暦年	TOPIX 500				S&P 500			
	ROE（%）	売上高純利益率（%）	資産回転率（回）	レバレッジ（倍）	ROE（%）	売上高純利益率（%）	資産回転率（回）	レバレッジ（倍）
2010	6.2	3.12	0.28	7.05	15.1	8.89	0.33	5.15
2011	6.0	3.01	0.29	6.94	16.2	9.37	0.35	4.92
2012	5.9	2.93	0.28	7.09	15.9	9.46	0.35	4.75
2013	9.4	4.85	0.29	6.71	15.8	9.60	0.35	4.73
2014	9.6	5.25	0.28	6.47	16.5	10.16	0.35	4.68
2015	9.2	5.28	0.27	6.47	14.6	9.56	0.33	4.64
2016	8.2	5.00	0.25	6.58	14.0	9.35	0.32	4.71
2017	10.1	6.25	0.24	6.60	14.9	9.84	0.32	4.71
2018	10.4	6.57	0.25	6.42	17.3	10.72	0.35	4.66
2019	8.9	5.65	0.25	6.37	17.2	10.59	0.35	4.65

注：2020年11月30日時点
出所：Factsetよりみずほ証券エクイティ調査部作成

違うのは売上高純利益率です。日本は過当競争で利益率が低い事業からも撤退しないので、利益率が低い傾向にあります。日本企業の経営者は資本コスト意識が低いので、ゼロ金利を活かして、レバレッジ（負債と株主資本の比率）を高めて、自社株買いを増やそうとはしません。

米国企業は格付けが下がらない程度に、レバレッジを高めて、資本コストを引き下げ、ROEとの差であるROEスプレッドを高めようとします。たとえば、他社の格付けも行なっているS&P Global Inc.ですが、自社の自己資本比率は4・2％しかありません。

※伊藤邦雄一橋大学大学院特任教授を座長とした、経済産業省の「『持続的成長への競争力とインセンティブ～企業と投資家の望ましい関係構築～』プロジェクト」の最終報告書の通称。

日本企業とは大きく異なる自社株買いと配当政策

◉米国企業の資本政策

日本企業は損益計算書を重視する一方、バランスシートへの意識が低く、現預金を貯めすぎることが株主のみならず、政治家からも批判されます。米国企業は無駄な現預金は持たず、資金が余っていれば、自社株買いや配当を通じて株主に返却して、効率的なバランスシートを維持します。

FRBの"Flow of Funds"によると、米国企業は2019年にグロスで2609億ドル（27兆円）の社債を発行し、4388億ドル（46兆円）の自社株買いを行ないました。米国企業は資本コスト（Weighted Average Cost of Capital＝WACC）意識が強いので、金利が低ければ、負債を増やして資本コストを引き下げるべきだとの考え方が働きます。

S&P500企業は2019年に1・1兆ドル（115兆円）の純利益に対して、5200億ドル（55兆円）の配当と7300億ドル（77兆円）の自社株買いの合計1・25兆ドル（130兆円）と純利益を上回る株主還元を行ないました。すなわち、配当と自社株買いの比率は4：6で、配当利回り1・9％、自社株買い利回り2・6％の合計4・5％の株主還元利回りでした。

一方、東証一部企業は2019年度に約30兆円の純利益に対して、13兆円の配当と7兆円の自社株買いを行ないました。すなわち、配当：自社株買いの比率は65％：35％。配当利回りは2・2％、自社株買い利回りは1・2％で、総還元利回りは3・4％でした。

◉米国企業の自社株買い額は日本企業の10倍以上

Ｓ＆Ｐ５００企業の純利益と配当は東証一部の４倍以上で、自社株買いに至っては10倍以上となります。株価が役員報酬に連動しているので、米国企業は借金を増やしても、自社株買いをして株価を上げようというインセンティブが働きます。

横並び意識が強い日本企業の配当性向が30％前後に集中しているのに対して、米国企業は成長ステージに応じて高配当性向企業と無配企業に二極化しています。日本企業になぜ配当性向30％＋自社株買い20％＝総還元性向50％かと尋ねれば答えられない企業が多く、トヨタ自動車がそうした株主還元策のモデルケースになっていると考えざるを得ません。

図表5-2：米国の株価指数変化率と自社株買い増減の関係

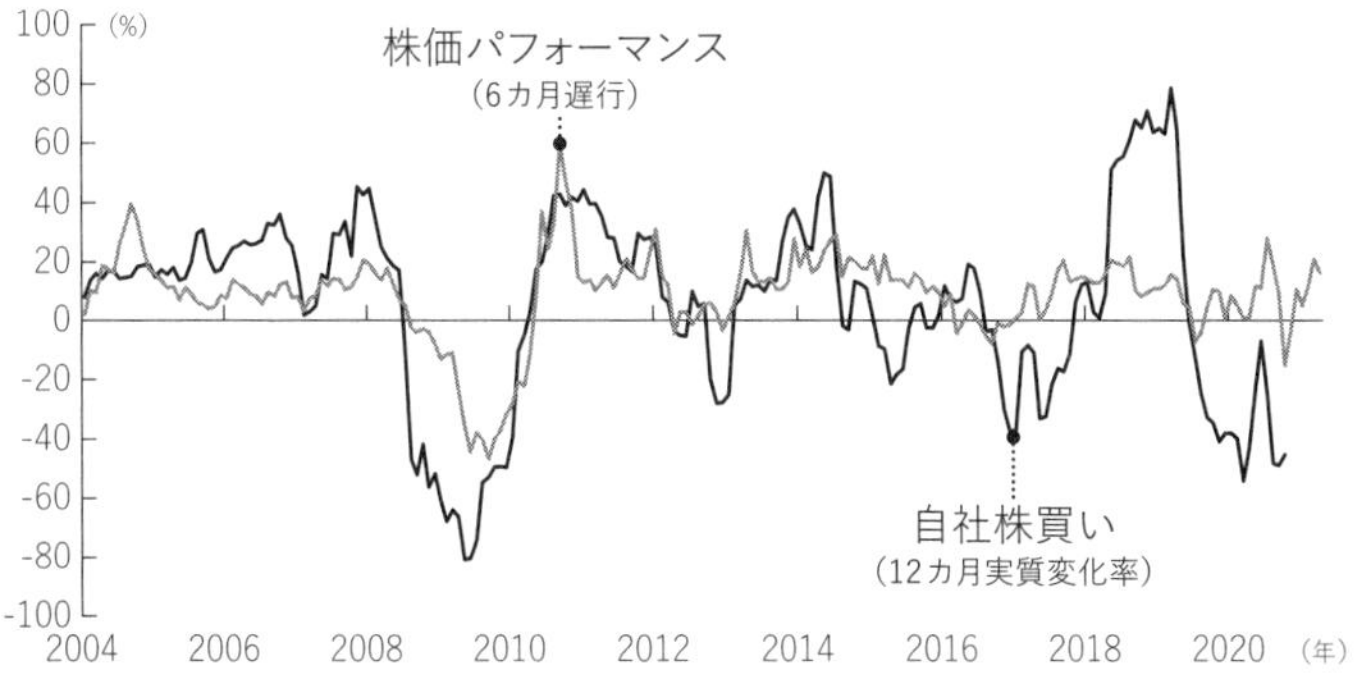

出所：Absolute Strategy Research Ltd.よりみずほ証券エクイティ調査部作成

また、日本企業は年2回配当が一般的ですが、米国企業は四半期配当が普通です。HPE(Hewlett Packard Enterprises)は2020年3QにGAAP EPS0・01ドルに対して、0・12ドルの1株当たりの配当と、EPSを大幅に上回る配当になりますが、ノンGAAPのEPSは0・32ドルなので、GAAPとノンGAAPで配当性向が異なります。HPEは3Qに9・2億ドルのフリーキャッシュフローを生み、流動性資産は133億ドルと信用格付けを維持するのに十分強固なバランスシートを持ち、1・5億ドルを配当の形で株主還元したと述べました。自社株買いの12カ月増減と、半年間のラグを取った株価指数の12カ月変化率は高い相関があり、米国の自社株買いは米国株の持続的な上昇に大きな貢献をしたと推測されます。

統計的な分析によると、2010年以降の5・5兆ドルの自社株買いが、米国株式の時価総額を約10兆ドル(実際の増加額の約半分)増やしたと計算されます。

◉配当 vs. 自社株買いの選択

日本は長引く超低金利でインカム志向が強く、配当が好まれますが、米国では自社株買いのほうが大きくなっています。

自社株買いはEPSを押し上げ、経営者が「自社株が過小評価されている」というメッセージを市場に送ることになります。所得水準によりますが、配当にかかる税率よりキャピタルゲインにかかる税率のほうが低いことが、配当より自社株買いが好まれる理由です。

たとえ、税率が同じだとしても、配当が受け取った時点で税金がかかる一方、自社株買いは株式を売却するまでキャピタルゲイン税がかからないので、時間価値が大きいと見なされます。

日本企業は時価総額が小さい企業が多いので、自社株買いをすると株式の流動性が低下する懸念が出ますが、時価総額が大きい米国企業はそうした懸念がありません。

ファイナンスの理論としては、配当は減配しにくい一方、自社株買いは機動的にできるので、中長期的な業績拡大に自信がある企業

図表5-3：アップルの自社株買いと配当の推移

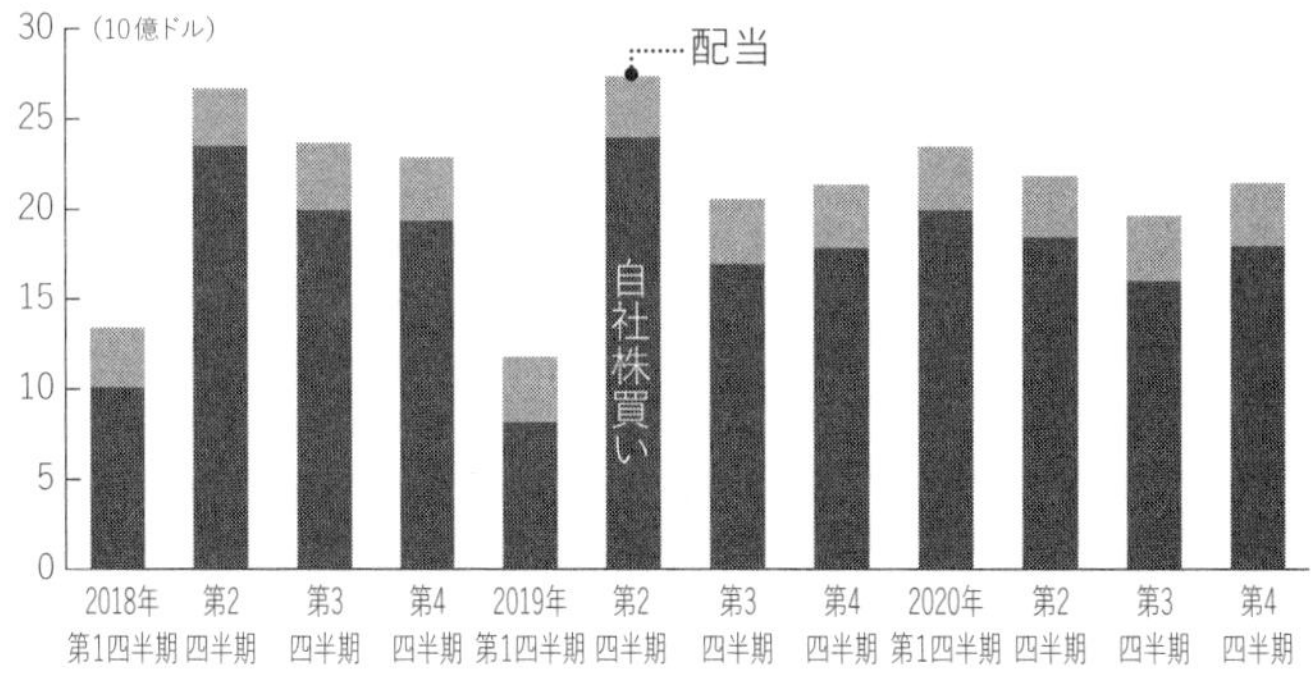

出所：会社資料よりみずほ証券エクイティ調査部作成

は増配、キャッシュフローの拡大が一時的だと思う企業は自社株買いを行なうべきとされます。

米国企業も1980年代初頭には配当が自社株買いの5倍もありましたが、1990年代に自社株買いが配当を上回るようになりました。

アップルのIRページのFAQ（よく尋ねられる質問）の「アップルは自社株買いプログラムがありますか？」によると、アップルは2012年度～2020年度に3787億ドルの自社株買いと1026億ドルの配当等で、4974億ドル（約52兆円）もの株主還元（Capital Returned）をしていますが、これは米国大企業の株主還元が桁違いであることを示します。

アップルが株主還元を増やした背景には、著名アクティビストのカール・アイカーン氏等から、「アップルは銀行のように行動しており、キャッシュは金利ゼロで山積みしている」と指摘されて、株主還元増加の圧力を受けたことがあります。

●総リターンにおける配当の重要性

"Hartford Funds"によると、S&P500の1930～2019年のリターンのうち平均42%は配当収入でした。

10年単位でみると、1940年代、1960年代、1970年代で配当の貢献が高かった一方、１９５０年代、１９８０年代、１９９０年代、２０１０年代は配当の貢献が小さく、キャピタルゲインが大きな貢献をしました。１９７０〜２０１９年のＳ＆Ｐ５００の平均配当利回りは２・７５％で、１９８０年代初めが６％超で最も高かった一方、２０００年のＩＴバブル崩壊前後が１％強で最低で、直近は２％程度になっています。

過去93年の平均配当性向は57％で、２０１９年末は42％と、東証企業の約30％を上回っています。配当性向を5分位すると、配当性向が2番目に高いグループの株価が最もアウトパフォームしていました。配当を増やしている企業と配当を始めた企業の株価パフォーマンスが最も良い一方、無配および減配企業の株価パフォーマンスが最も悪くなっています。

Ｓ＆Ｐダウ・ジョーンズ・インディシーズは２００５年から、Ｓ＆Ｐ５００構成銘柄のうち、過去25年間連続して毎年増配している優良大型株65銘柄で構成される「配当貴族指数」を算出しており、それに連動したＥＴＦも出ています。「配当貴族指数」の２０２０年10月までの10年のトータルリターンは12・８％と、Ｓ＆Ｐ５００の同13・０％を若干アンダーパフォームしていますが、年換算リスク調整後リターンは１・０５とＳ＆Ｐ５００の０・９８を上回っています。業種別では「配当貴族指数」は工業や消費安定財の比重が高い一方、Ｓ＆Ｐ５００はテクノロジーやヘルスケアの比重が高くなっています。２０２

配当性向 (%)	予想 配当性向 (%)	予想 配当利回り (%)	PBR (倍)	PER (倍)	ROE (%)
41.6	89.0	5.1	5.4	24.3	21.4
59	58.1	4.3	7.3	25.8	29.1
37.5	29.3	5.3	5.3	25.2	18.8
52.4	59.6	5.1	5.5	22.4	23.6
71.6	55.9	5.8	4.7	18.4	NA
72.7	66.5	5.4	8.4	20.3	44.0
18.3	64.1	5.1	1.3	9.4	8.3
38.8	29.7	5.6	28.8	18.1	163.7
65.6	46.2	6.2	5.9	21.6	27.7
76.7	81.6	4.1	11.9	26.7	44.7
62.1	59.2	3.8	112.4	27.7	NA
45.9	55.8	4.0	4.0	28.2	14.7
41.9	31.8	5.1	3.3	23.7	11.6
40.5	38.3	4.7	6.7	21.3	30.7
-471.6	76.8	11.5	23.6	9.1	10.7
63.8	66.7	6.1	4.4	21.6	18.1
37.7	35.8	4.6	6.5	27.8	20.4
53.2	61.3	3.6	24.8	32.7	74.5
36.6	35.1	4.4	10.5	25.4	31.2
76.9	31.5	5.7	3.2	24.4	3.8
72.5	70.8	4.2	14.8	26.2	51.0
26.4	24.5	3.4	191.5	31.6	616.0
65.6	56.4	5.6	141.6	17.8	NA
40.6	39.4	3.8	5.3	28.4	25.8
38.7	57.4	5.9	1.6	20.5	4.1
72.4	70.0	5.9	1.4	17.8	7.4
61.5	66.1	3.6	12.9	29.2	44.5
41.1	38.6	13.4	1.6	9.7	2.1
59.5	66.9	3.8	NA	33.6	NA
60.5	38.6	5.1	3.0	43.9	7.0
57.5	58.8	3.9	22.9	24.0	138.3

注：年数は2019年まで。株価などのデータは2020年11月30日時点、予想はブルームバーグ。このリストは推奨銘柄でない

出所：東洋経済新報社『米国会社四季報』、ブルームバーグよりみずほ証券エクイティ調査部作成

図表5-4：米国の連続増配銘柄

順位	会社名	年数	株価（ドル）	時価総額（10億ドル）
1	ドーバー	64	122	17.6
1	プロクター・アンド・ギャンブル	64	139	344.3
1	パーカー・ハネフィン	64	267	34.4
4	エマソン・エレクトリック	63	77	45.9
4	ジェニュイン・パーツ	63	98	14.2
6	スリーエム	62	173	99.6
7	シンシナティ・フィナンシャル	59	76	12.3
8	ロウズ・カンパニーズ	58	156	114.2
9	ジョンソン・エンド・ジョンソン	57	145	380.9
9	コカ・コーラ	57	52	221.7
9	コルゲート・パルモリーブ	57	86	73.4
12	ホーメル・フーズ	53	47	25.5
13	スタンレー・ブラック・アンド・デッカー	52	184	29.5
13	ターゲット	52	180	89.9
15	アルトリア・グループ	50	40	74.0
16	レゲット・アンド・プラット	48	43	5.7
16	ピーピージー・インダストリーズ	48	147	34.7
16	イリノイ・ツール・ワークス	48	211	66.8
16	ダブリュー・ダブリュー・グレインジャー	48	418	22.4
20	ベクトン・ディッキンソン	47	235	68.1
20	ペプシコ	47	144	199.3
20	S&Pグローバル	47	352	84.6
20	キンバリークラーク	47	139	47.4
20	ウォルマート	47	153	433.0
25	ニューコア	46	54	16.2
25	コンソリデーテッド・エジソン	46	76	25.5
25	オートマチック・データ・プロセシング	46	174	74.6
28	ウォルグリーン・ブーツ・アライアンス	44	38	32.9
28	マクドナルド	44	217	162.0
30	メドトロニック	43	114	153.0
30	クロロックス	43	203	25.6

0年10月末時点の「配当貴族指数」の上位組入銘柄はエアコンのキャリア・グローバルやスーパーのターゲットなどでした。

◉米国の連続増配企業には60年以上連続もある

東洋経済新報社の『米国会社四季報』によると、花王のライバルであるP&Gは2019年まで64年連続増配しています。P&Gは自社Webの投資家向けページのトップで、"64 YEARS OF CONSECUTIVE DIVIDEND INCREASES"と謳い、アニュアルレポートでは有配期間が130年連続だと述べました。

工業製品・設備メーカーのドーバー・コーポレーション、計測機器のパーカー・ハネフィンもP&G同様に64年連続の増配企業です。日本の総合電機に相当するエマソン・エレクトリック、産業用部品のジェニュイン・パーツは63年連続、化学のスリーエムが62年連続と60年以上の増配企業が6社もあり、花王より連続増配期間が2倍以上も長くなっています。米国企業では日本でも名前が知られるジョンソン&ジョンソンとコカ・コーラが57年、ペプシコとウォルマートが47年、マクドナルドが44年連続で増配を行なっています。

「S&P500配当貴族指数」は、S&P500のうち25年連続以上の増配銘柄の均等加重平均で計算される株価指数であり、関連ETFが何本か出ています。9月末時点の組入銘柄数は65でした。過去5年のパフォーマンスはプラス約50％とS＆P500のプラス約70％をアンダーパフォームしたのは、無配のテクノロジー企業のパフォーマンスが良かったことに起因するでしょう。バンガードの"Dividend Appreciation Index Fund ETF"は10年連続以上増配している銘柄に投資します。上位組入のトップ3はマイクロソフト、ウォルマート、P＆Gでした。過去5年のパフォーマンスは約70％と、S＆P500とさほど変わりません。

◉テクノロジー企業に見る自社株買いと増配

米国の大手テクノロジー企業は大きな設備投資が要らない一方、優れたビジネスモデルで稼ぐので、現預金が自然に積み上がってしまいます。2020年9月末時点の現預金保有額は、アップルが380億ドル（約4兆円）、アルファベットが201億ドル（約2兆円）、マイクロソフトが172億ドルなどと、日本企業でキャッシュリッチといわれる任天堂の現預金保有額約9400億円、キーエンスの4670億円などを大きく上回っています。ただし、2020年に資産売却を急いだソフトバンクグループの保有現預金は、米国大手IT企業をも上回る約5兆円となっています。

米国大手テクノロジー企業は豊富な現預金をM＆Aや株主還元等にしっかり使ってきた

実績があるので、株主から手元現預金の大きさを批判されることはあまりありません。

　マイクロソフトの取締役会は２０１３年９月に４００億ドル（約４兆円）までの自社株買いを承認し、２０１６年12月まで実施されました。２０１６年９月に取締役会は追加で４００億ドルの自社株買いを承認し、２０１９年６月末までに１１４億ドル（１・２兆円）実施されました。米国企業は四半期配当が普通ですが、マイクロソフトは２０１８年度には四半期ごとに１株０・４２ドル、２０１９年度は同０・４６ドルの配当を支払いました。２０１９年６月期までの１年間の自社株買い金額１０３億ドル（１・１兆円）に対して、配当は１２９億ドル（１・３兆円）とほぼ同額でした。２０１９年度の純利益は３９２億ドル

図表5-5：日米主要企業の現預金保有額の比較

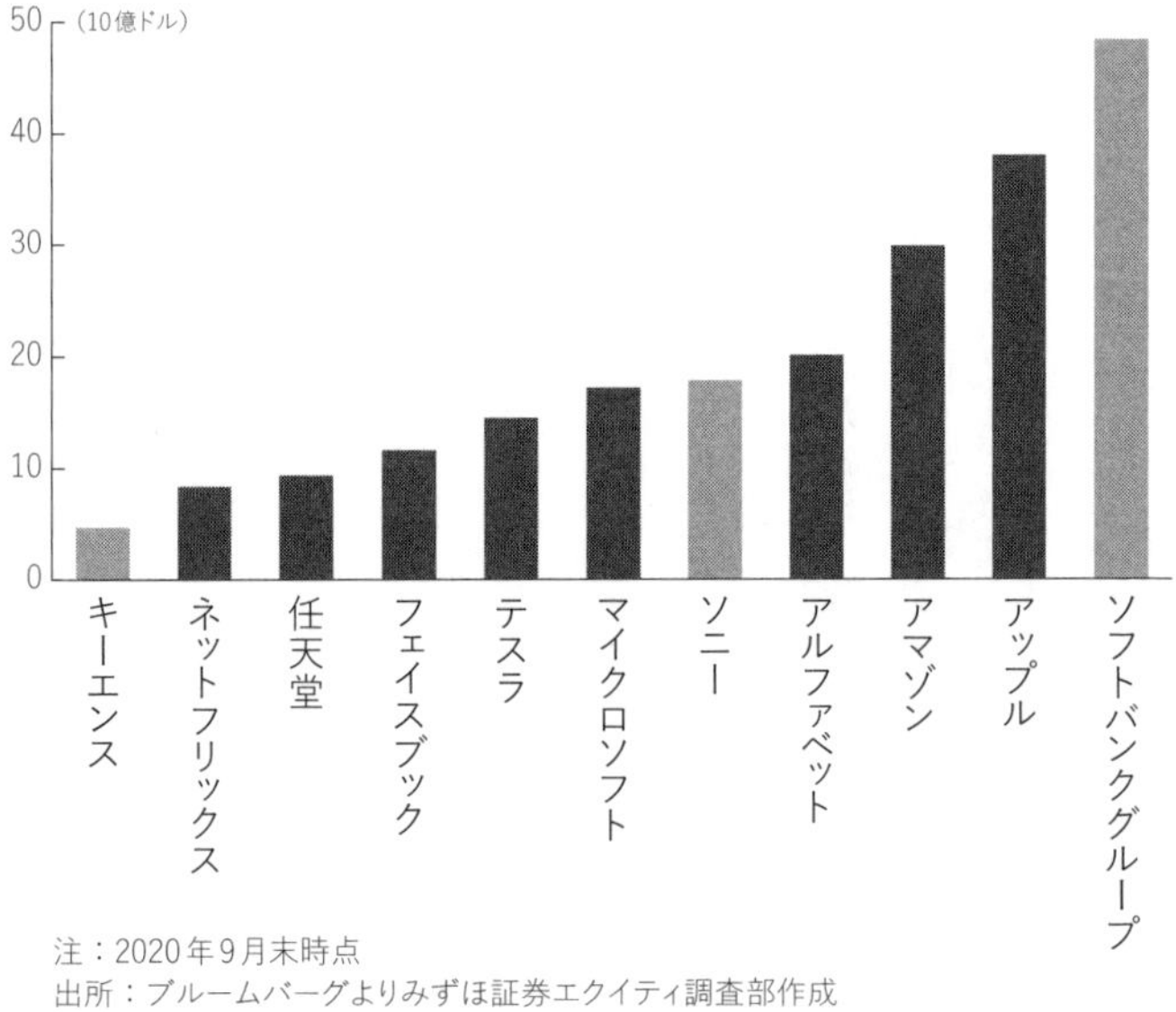

注：2020年9月末時点
出所：ブルームバーグよりみずほ証券エクイティ調査部作成

（4・1兆円）だったので、配当性向が33％、自社株買いを入れた総還元性向は約6割ということになります。

一方、アルファベットとフェイスブックは無配を貫いていますが、自社株買いを行なっています。アマゾンは成長投資を優先しているので、配当も自社株買いも行なっていません。当然、テスラは無配であるうえ、自社株買いどころか増資を行なっています。ある意味で当たり前のファイナンス理論ですが、米国主要テクノロジー企業は成長段階に応じて、機動的な株主還元を行なっているといえます。

●日米企業の自社株買いの違い

投資大国である米国には様々な有料の投資サイトがありますが、Buyback Letterは自社株買いに着目した投資を勧めるサイトです。

1997年3月〜2020年8月に"Buyback Letter's Indexed Portfolios"は平均640％のリターンとS&P500の3倍のリターンだったと述べました。自社株買いを発表した企業の株を買うことが、100％合法的にインサイダー情報を活用した株式投資だと指摘します。取締役会に承認された自社株買いは、株の買いシグナルだといいます。ウォーレン・バフェット氏や伝説の投資家のピーター・リンチ氏も、自社株買いに着目した投資を行ないました。

継続的かつ積極的に自社株買いする企業が“Buyback Stocks”と呼ばれます。イリノイ大学の調査によると、過去10年に“Buyback Stocks”はS&P500を388%上回るリターンをあげました。日本には自社株買いの効果が小さいといって、自社株買いを敬遠する企業経営者がいますが、そうした企業は自社株買いの規模が発行済株式数の1%未満と小さかったり、1回しか自社株買いを行なわなかったり、自社株買いへのコミットメントが小さかったりする傾向があります。

日本企業には時価総額が小さい企業が多いので、自社株買いをやり過ぎると、株式の流動性が低下するという問題も起こります。米国では株主還元で資金を戻されても、成長企業が次から次へと出てくるので、投資家が他の投資先を見つけやすい一方、日本では優良企業から株主還元されると、他の良い投資先を見つけにくいという問題があります。日本企業は自社株買いしても金庫株として保有することが多い一方、米国企業は自社株を消却することが多くなっています。

ただし、コロナ禍下の2020年6月にリーマンショックのような事態を繰り返さないように、米国財務省は米国大手銀行に年内の自社株買いと増配を禁止しました。

米国企業の取締役会と業務執行役員の役割分担

◉日米の会社組織の違い

日本の株式会社の形態は①監査役設置会社、②監査等委員会設置会社、③指名委員会等設置会社の3形態がありますが、東証の『コーポレートガバナンス白書2019』によると、比率的には①が73・3％、②が24・7％、③が2・0％と監査役設置会社が多数になっています。米国企業の大半は③なので、③は米国式のコーポレートガバナンス形態と呼ばれることがある一方、米国に存在しない①組織や①と③のハイブリッド型の会社組織は米国投資家からわかりにくいと度々言われてきました。

日本の株式会社制度は、会社の意思決定機関である取締役会とそれを実行に移す代表取締役、それらを監視する監査役からなるいわば三権分立で成り立っていますが、米国では意思決定機関である取締役会の下部組織である業務執行役員に引き継がれます。取締役会は自己監査制度になっているため、監査役は存在しない自己統治型のシステムになっているのです。

日本でも最近、会社法上の役職ではない米国流のＣＥＯやＣＦＯなどの役職を名乗る役員が増えていますが、米国では代表取締役は存在しないことが多く、社長はＣＥＯと呼ばれます。ちなみに、米国企業でVice President（ＶＰ）は、Director以下の課長級のポストであることが多いため、日本企業の副社長はDeputy Presidentと訳したほうがわかりやすくなっています。

◉マイクロソフトの取締役会構成

マイクロソフトはスティーブ・バルマー前ＣＥＯ時代に経営が低迷していた時期がありましたが、２０１４年2月にインド人のサティア・ナデアＣＥＯが就任して以来、再び飛躍しました。

２０２０年9月時点でマイクロソフトには12人の取締役がいますが、サティア・ナデラＣＥＯ以外は全員独立役員（Independent Director）です。日本企業だと社外取締役は大学教授や弁護士などが多くなっていますが、マイクロソフトの独立役員はすべて事業経験者です。12人中４人が女性と多様性もあります。日本企業だと株主総会招集通知などに生年月日が書いてあるので、年齢がわかりますが、米国企業では年齢を聞くのはタブーなので、取締役の年齢もわかりません。卒業大学は記載されていますが、卒業年が書いていないので、

図表5-6：マイクロソフトの取締役会構成

氏名	性別	役職		マイクロソフトの取締役になった年月	監査委員会	報酬委員会	ガバナンス・指名委員会	規制・公的政策委員会
John W. Tohmpson	男性	取締役会会長（Symanteicの元CEO、VC）	独立役員	2/2012			**委員長**	**委員**
Reid Hoffman	男性	Greylock Partnersのパートナー	独立役員	3/2017				
Hugh Johnston	男性	ペプシコの副会長兼CFO	独立役員	9/2017	委員長			
Teri List-Stoll	男性	GAPの元副社長兼CFO	独立役員	10/2014	委員		委員	
Satya Nadella	男性	CEO		2/2014				
Sandra E. Peterson	女性	Clayton, Dubilier & Riceのパートナー（元J&J会長）	独立役員	12/2015		委員長	委員	
Penny Pritzker	女性	PSP Partnersの創業者兼会長（元商務長官）	独立役員	11/2017				**委員長**
Chares W. Scharf	男性	ウェルスファーゴのCEO兼社長	独立役員	10/2014		委員	委員	
Arne Sorenson	男性	マリオットの社長兼CEO	独立役員	11/2017	委員			委員
John W. Stanton	男性	Trilogy Partners（PE）の会長	独立役員	7/2014	委員			
Emma Walmsley	女性	グラクソ・スミスクラインのCEO	独立役員	12/2019		委員		**委員**
Padmasree Warrior	女性	Fable Groupの創業者兼CEO兼社長（元シスコCTO）	独立役員	12/2015		委員		

注：2020年9月時点
出所：マイクロソフト発表資料よりみずほ証券エクイティ調査部作成

学歴から年齢を推測することもできません。

マイクロソフトには監査委員会、報酬委員会、ガバナンス・指名委員会、規制・公的政策委員会の4つの委員会がありますが、サティア・ナデラCEOはどの委員会にも所属しておらず、日本企業のように社長がお手盛りで自分と部下の報酬を決めるようなことはなく、任意の指名委員会を設置していたりしていたとしても、実質的には社長が後継指名を行なうようなことはありません。コーポレートガバナンス・ファクトシートに、2019年度は5回の取締役会を開催し、経営陣が参加しない独立役員だけの会合も開催していると記載しています。監視、レビュー、カウンシルを通じて、取締役会の目的は事業のゴール、組織的な目的、様々な環境から影響を受ける経営戦略などを確立し、促進するために経営陣と協業することだと記載されています。取締役会会長は取締役会の招集、取締役会の議題の設定、CEOのパフォーマンス評価、株主とのエンゲージメントなどを行ないます。サティア・ナデラCEOの2019年の報酬は4291万ドル（約45億円）と、従業員給料の中央値の約250倍でした。

●フォードに見る社長交代

フォードでは2020年8月にジム・ハケットCEO兼社長が退任し、ジム・ファーリーCOOが10月にCEOに就任しました。テスラ、GM、トヨタ自動車などとの競争が激化するなか、2017年5月に就任したジム・ハケットCEOは、110億ドルのリストラ・プログラムを通じた業務の効率化やいくつかの重要な新車をローンチしました。ジム・ファーリー新CEOは2007年までトヨタ自動車でグローバル・マーケティングや販売を担当し、フォードでもグローバル市場、新規事業・テクノロジー等を担当し、2月にCOOになったばかりでした。ハケットCEOとファーリーCOOは共同して、セダン比率を下げて、製品戦略を見直す成長イニシアティブである"Creating Tomorrow Together"を策定しました。ファーリー新CEOは祖父もフォードに勤務しており、取締役会議長のビル・フォード氏は「ファーリー新CEOは徹底した自動車男だ」と述べました。

ちなみに、ビル・フォード氏はフォードの創業者のヘンリー・フォードの曾孫の1人で、1988年に取締役となり、1999年から取締役会議長を務めています。フォードでは同じ曾孫のエドセル・フォード氏も取締役を務めています。

フォードでも社外役員が中心となった指名・ガバナンス委員会でCEOを決めることになっています。ハケットCEOが2017年5月に就任して以来、フォードの株価は約4割下落したことに現れているように、投資家からハケットCEOの経営手腕が疑われていたため、CEO交代発表で株価は2・5％高となりました。ハケットCEOは2020年春から引退を検討していたと述べましたが、2021年3月まではフォードのアドバイザーを務めます。

●取締役会の機能が重要

変化が激しい現代において、CEOの意思決定が企業のパフォーマンスを左右する割合が高まっています。

日本の大企業では社内の出世競争を勝ち抜いてきたサラリーマンが60歳前後で社長になり、社長が役員人事から報酬まですべてを事実上自ら決めることが少なくありませんが、米国ではCEOにはプロの経営者が就き、取締役会が厳しい監督をします。取締役会の適切な機能が、企業の持続的な成長に欠かせません。

米国でも縁故人事や企業不祥事はあります。米国のヘッドハンティングやコンサルティングを行なう会社のSpencer Stuartは毎年米国大企業の取締役会の実態について"Spencer Stuart Board Index"を発表しており、2019年が34回目となりました。

2019年にS&P500企業の取締役会の平均人数は10・7人で、うち85％が独立取締役（Independent directors）で、独立取締役の平均年齢は62・7歳でした。2019年には新

図表5-7：S&P500企業の取締役会の特徴

		2019	2018	2014	2009	5年変化率	10年変化率
取締役会構成	平均人数	10.7	10.8	10.8	10.8	-1%	-1%
	独立取締役の比率	85%	85%	84%	82%	1%	4%
	独立取締役の平均年齢	62.7	63.0	63.1	61.7	-1%	2%
新任の独立取締役	合計人数	432	428	371	333	16%	30%
	女性	46%	40%	30%	17%	53%	171%
	マイノリティ	23%	19%	12%	12%	92%	92%
	平均年齢	57.5	57.2	57.6	56.5	0%	2%
	現任CEO／会長／社長／COOの比率	18%	19%	22%	26%	-18%	-31%
	元CEO／会長／社長／COOの比率	17%	17%	19%	17%	-11%	0%
	金融出身者の比率	27%	26%	20%	18%	35%	50%
	他社の役員の比率	23%	21%	23%	21%	0%	10%
初任の取締役	新任の取締役のうち初任者の比率	27%	33%	39%	16%	-31%	69%
	平均年齢	54.2	54.7	55.0	53.7	-1%	1%
	初任の取締役の人数	118	140	145	54	-19%	119%
女性取締役	女性取締役の比率	26%	24%	19%	16%	37%	63%
	女性取締役が1人以上いる取締役会の比率	99%	99%	95%	89%	4%	11%
CEO	他社の社外役員を1社以上務めているCEOの比率	41%	45%	46%	49%	-11%	-16%
	女性CEOの人数	25	27	23	16	9%	56%
	CEOのみが非独立取締役である取締役会の比率	62%	59%	58%	50%	7%	24%
	平均年齢	57.9	57.6	56.9	55.7	2%	4%
	平均在任期間（年）	19.9	19.3	18.3	14.6	9%	36%
議長の独立性	CEOが議長を兼任している割合	47%	50%	53%	63%	-11%	-25%
	独立役員が議長である割合	34%	31%	28%	16%	21%	113%
	筆頭取締役もしくは議長取締役を設置している割合	75%	80%	90%	95%	-17%	-21%
取締役会	取締役会の平均開催回数	7.9	8.0	8.1	9.0	-2%	-23%
	取締役会の開催回数の中央値	7	7	7	8	0%	-13%

出所："2019 US Spencer Stuart Board Index" よりみずほ証券エクイティ調査部作成

たに432人の独立取締役が加わりましたが、うち46％が女性、23％がマイノリティと取締役会のダイバーシティが進んでいます。女性がCEOの企業数は25社でした。CEOが取締役会議長を務める企業が47％だった一方、独立取締役が議長の企業が34％でした。取締役会の開催回数は平均7・9回、中央値は7回でした。

CEOが別会社の取締役も務めている企業の割合は41％でした。取締役の任期は1年という企業が90％です。独立取締役が務めている平均期間は8年です。筆頭取締役の経歴は47％が退任したCEO・COO、12％が投資家、9％が現役CEO・COO、6％が同率で銀行家とCFO・会計専門家、4％が学者、3％がコンサルタント、2％が弁護士でした。取締役は日本に比べて学者や弁護士出身が少ない一方、投資家出身者が多いという特徴があります。

◉米国企業の桁違いの役員報酬

デロイトトーマツの調査によると、2019年に米国企業（S&P500のうち売上が1兆円以上の企業276社）のCEO報酬の中央値は前年比3％増の16・2億円でした。内訳は70％が中長期インセンティブ、21％が短期インセンティブ、9％が固定報酬でした。

一方、日本企業（TOPIX100のうち売上が1兆円以上の22社）のCEO報酬の中央値は前年比

3％減の1・3億円でした。この結果、日米CEOの報酬格差は前年の11倍から12倍に拡大しました。

日本企業のCEO報酬の内訳は57％が固定報酬と固定比率が高く、短期インセンティブは28％、中長期インセンティブが15％に過ぎませんでした。なお、ドイツのCEO報酬の中央値は6・9億円、英国のCEO報酬の中央値は5億円と、日米の役員報酬の中間でした。

米国では高い株式リターンを出してくれれば、それに見合った役員報酬が受け入れられるとの見方が多い一方、日本では社長は従業員の代表的存在なので、高い給料を取らない傾向があります。

たとえば、グーグルの親会社であるアルフ

図表5-8：米国大手企業の役員報酬

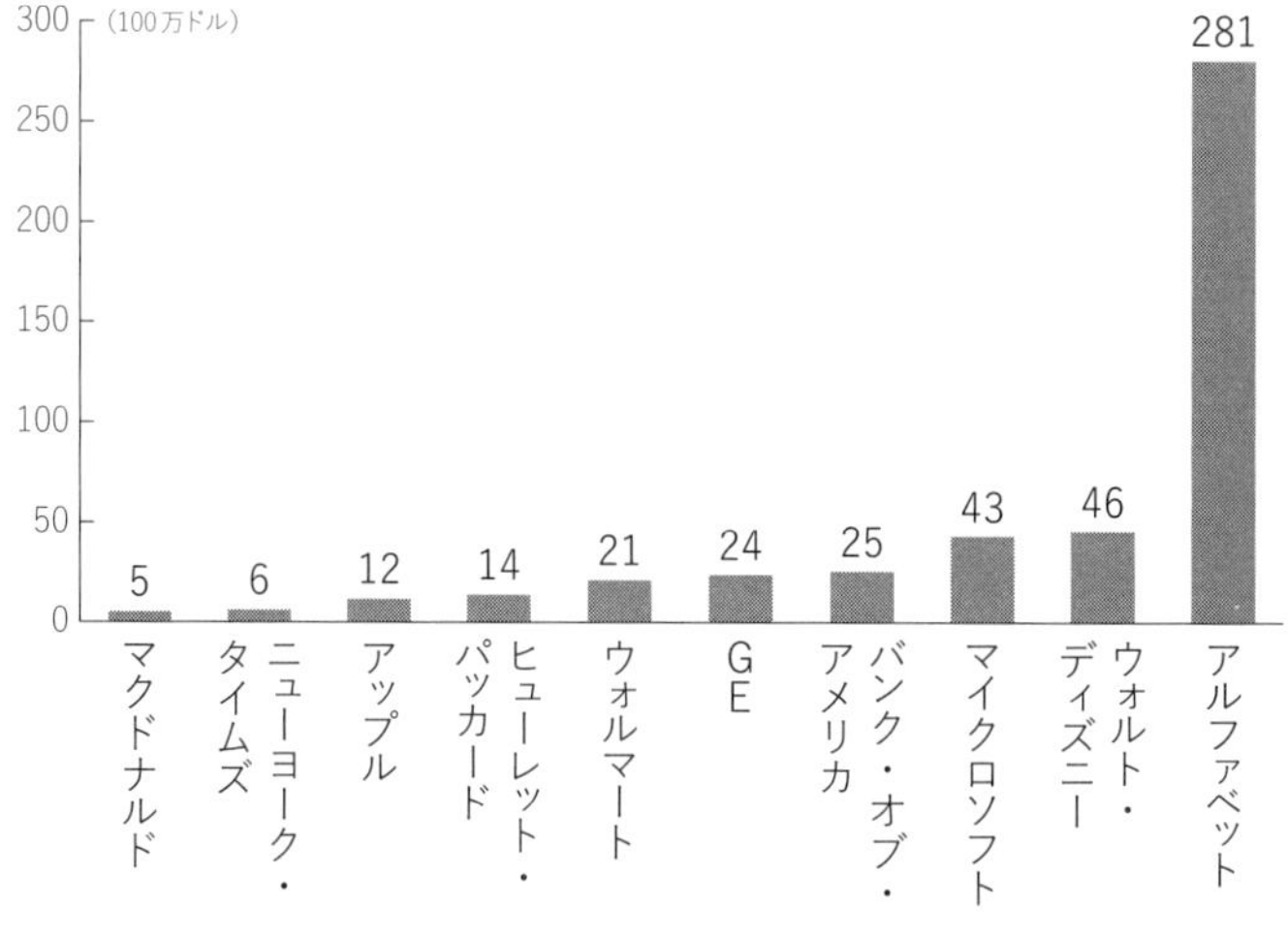

注：2019年度
出所：Salary.comよりみずほ証券エクイティ調査部作成

アベットのサンダー・ピチャイCEO（48歳、インド人）の2019年の総報酬は2・8億ドル（約300億円）で、そのほとんどがストックオプションでした。業績を急拡大させたので、十分正当化できると見られています。サンダー・ピチャイ氏が2015年8月にグーグルのCEOになったとき、売上は900億ドル、純利益は190億ドルでしたが、2019年12月にピチャイ氏がアルファベットのCEOになると、売上は1600億ドル、純利益は340億ドルになり、アルファベットの時価総額は4年前比で約2倍に増えました。

●米国大企業は役員報酬の説明責任が充実

日本企業としては役員報酬が高いソフトバンクグループでも、有価証券報告書で役員報酬については2ページしか費やしていません。「ソフトバンクグループの役員報酬制度は、グローバルタレントを惹きつけるに足る市場競争力のある報酬水準になるよう、専門機関による報酬調査結果を参考に妥当性を確認しています」、「取締役の報酬は、取締役会からの信認を受け、代表取締役が報酬調査結果を参照しつつ、各取締役の社会的・相対的地位およびソフトバンクグループへの貢献度等を勘案して、決定しています」との簡単な記述しかありません。

一方、JPモルガン・チェースの“Proxy Statement 2020”における役員報酬の記述は37

ページにもおよびました。米国では役員報酬が経営戦略の重要な構成項目だと考えられています。経営方針↓戦略的フレームワーク↓報酬哲学↓パフォーマンス評価↓報酬決定↓報酬ミックスというプロセスがあります。パフォーマンスの評価は、経営委員会が戦略的な優先事項を確立↓取締役会が会社全体及び事業部門の戦略と事業計画をレビュー↓経営委員会が会社全体、事業部門、個人のパフォーマンスの目標を設定して、取締役会と共有↓取締役会が複数年の会社全体および事業部門の戦略的目標に対する予算をレビュー↓インベスター・デイで、重要な戦略的イニシアティブと中期的な財務目標を開示↓人材コントロール・フォーラムで個人の不正行為の有無、潜在的な重要なリスク&コントロールを

図表5-9：JPモルガン・チェースが役員報酬の決定の際に比較対象とする企業

金融サービス業（プライマリー）	その他金融サービス業、一般産業		
アメリカン・エキスプレス	3M	クレディ・スイス	ペプシコ
バンク・オブ・アメリカ	AT&T	CVSヘルス	ファイザー
シティ・グループ	バークレイズ	ドイツ銀行	プロクター・アンド・ギャンブル
ゴールドマン・サックス	ブラックロック	エクソン・モービル	UBS
モルガン・スタンレー	BNYメロン	GE	ユナイテッド・テクノロジーズ
ウェルス・ファーゴ	ボーイング	HSBC	ベライゾン
	キャピタル・ワン・フィナンシャル	IBM	ウォルマート
	シェブロン	ジョンソン・エンド・ジョンソン	ウォルト・ディズニー
	コカ・コーラ	メルク	
	コムキャスト	オラクル	

出所：“Proxy Statement 2020”会社資料よりみずほ証券エクイティ調査部作成

議論→経営委員会メンバーの戦略的目標に対するパフォーマンスを評価、というプロセスを経ます。また、優秀なシニア・エグゼクティブを効果的に惹きつけ、適切なモチベーションを与え、キープするために、同業他社の報酬の水準や構成、プラクティスをレビューしています。

役員報酬の比較対象とする主要な金融機関はアメリカン・エクスプレス、ゴールドマン・サックス、バンク・オブ・アメリカ、モルガン・スタンレー、シティ・グループ、ウェルス・ファーゴですが、事業会社や海外企業の役員報酬も参照します。これらの決定方式に基づいて、ジェームズ・ダイモンCEOの2019年の報酬は基本給が150万ドル、インセンティブ報酬が現金500万ドルとPSU（Performance Stock Units）2500万ドル、合計で3150万ドル（約33億円）でした。

スピンオフと事業再編が多い

●米国企業はスピンオフを多用

スピンオフとは会社を2部門に分けて、新会社の株式を以前の会社の株主に割り振る会社再編の手法です。

技術革新など、変化が激しいなか、コングロマリット的な企業だと、1人の社長またはCEOが複数の事業部門を見切れず、変化への対応に遅れる可能性があります。本業で稼いだ資金を、新規事業の種まきに使うのはいいのですが、いつまでも儲からない旧来事業につぎ込むのは問題です。地方に本社がある地場企業がコングロマリット的な経営を行なうのは問題ないと思いますが、国際競争する企業であれば、1つの事業に集中したほうが国際競争力の維持につながります。

上場コンサルティング会社であるフロンティア・マネジメントの松岡真宏代表取締役は、著書『持たざる経営の虚実』のなかで、「ジャック・ウェルチ元GE CEOは、『将来的にすべての事業は、業界ナンバーワンかナンバーツーになるものだけにフォーカスする必要がある』と述べたことが、日本では『本業だけに集中する』という意味に誤訳された。ウェルチ元CEOは20年間に、約70の事業から撤退したが、M&Aや種まき等によって1000もの新規事業を生んだ」と述べています。

ただ、ウェルチ元CEOはCEOとしての能力が高かったので、コングロマリット的なGEを巧くマネジメントできましたが、その後のCEOは経営手腕に劣ったため、GEの業績は長期低迷することになりました。

●PayPalはスピンオフで米国を代表するフィンテック企業になった

米国の企業経営者は株主の利益のためになるのであれば、会社を分割することを厭いませんが、日本の大企業の経営者は利益や株主価値よりも、大きな売上の会社の社長でいることを望み、また従業員も同期入社的な村意識があるので、いったん入社した会社が分割で別会社になることを望まないのかもしれません。官僚的な本社機能であることが多い日本では、２０１７年にスピンオフが導入されたのに、コシダカホールディングス１社しか使いませんでした。

米国では年間50～60件のスピンオフが行なわれており、しばらく見ていないと会社名が変わってしまい、どの会社だったかわからなくなることもあります。

米国のスピンオフには約半数のケースで、アクティビストが関与しているといわれます。グローバル・マーケットプレイスのeBayは、アクティビストのカール・アイカーン氏の提案を受けて、２０１５年にeBayとPayPalを独立した上場会社として分離することを発表しました。「過去10年以上にわたって両社は１つの会社であることが相互の利益につながっていましたが、グローバルなＥＣや決済事業の急速な変化に伴い、両社は異なる競争の機会とチャレンジに直面しているため、両社は別々の成長機会を追求したほうが、株主価値の増大につながるとの結論に至った」と述べました。

このスピンオフの結果、PayPalはeBay傘下のままだったら取引できなかったグーグルやアップルなどとの取引も可能になりました。PayPalはその後大きく成長して、時価総額2500億ドル（約26兆円）と米国を代表するフィンテック企業となりました。

◉米国企業は大胆な事業再編を行なう

日本でもパソコンでお馴染みのヒューレットパッカードは2015年に、パソコン・プリント事業を継承するHP Inc.と、法人向けにITインフラ、ソフトウェア、サービス事業を行なうHewlett Packard Enterpriseにスピンオフしました。パソコン市場が縮小するなか、ヒューレットパッカードはコスト構造の見直しや新たな成長投資を行なうターンアラウンド計画のなかでスピンオフを行ないました。

ヒューレットパッカードのメグ・ウィットマン会長兼社長兼CEO（当時）は、「スピンオフはターンアラウンド計画達成へのコミットメントであり、分割されるそれぞれの企業は、市場や顧客の変化に素早く対応できる独立性、フォーカス、経営資源、柔軟性が与えられる」と述べました。

ダウ・ケミカルとデュポンは2015年に対等合併でダウ・デュポンになった後に、3分割して、機能素材や工業化学品などを取り扱うダウ・インク、エレクトロニクスやバイオサイエンスなどを行なうデュポン・ドゥ・ヌムール、作物保護・種子などを主要事業にするコルテバになりました。当時、化学業界で最大のM&Aで、化学業界のゲーム・チェンジャーになるとされました。「3分割される企業はそれぞれ、明確な集中、適切な資本構造、卓越して説得力ある投資テーマ、規模の優位性、優れたソリューションと顧客の選択ができるイノベーションへの投資ができる」と述べられました。アクティビストのサードポイントが、業績が悪化していたダウ・ケミカルに対して事業分割の圧力をかけていたとされました。

ダウ・デュポンはピュアプレイ（特定の製品やサービスに特化すること）の化学会社3社に分割されましたが、日本では三菱ケミカルホールディングス、住友化学、三井化学がコングロマリットのまま存在しています。日本では企業をモノのように売り買いしたり、分けたりする習慣がありませんが、米国企業の組織再編のダイナミズムは日本企業とは桁違いといえます。

●GMはEV部門をスピンオフするか？

自動車株ではテスラにばかり注目が集まっていますが、他の自動車メーカーもEVに注力しています。2020年8月19日のウォール・ストリート・ジャーナル紙は「GM、E

V部門のスピンアウトは可能か?」との記事で、「GMが同社のEV事業をスピンオフさせ、テスラの競争相手となり、テスラ同様のバリュエーションを得ることのできる別の事業体にする可能性があるという観測が広まりつつある」と指摘しました。GMのメアリー・バーラCEOは、7月の第2四半期決算説明会で「あらゆる可能性を検討する」との考えを示しました。

GMにとってスピンオフが魅力的なのは、とくに2020年は操業停止でオペレーションのコストがかかっていることもあり、低コストで資金調達が可能なことです。GMの株価は、破産後再上場した際のIPO価格の33ドルを下回っており、あからさまに困窮していない限り、実質的には資金調達のために株式を売ることはできません。テスラはそのような問題を抱えておらず、2月に新株発行で20億ドルを調達しました。GMにとってみれば、企業価値の高いEV子会社は、極めてコストのかかる新技術獲得競争でハンディキャップを解消するのに役立つ可能性があります。GMの株主にとっては、ハイテク部門の勢いの一部が親会社にも良い影響を及ぼすかもしれないという期待もあります。とくに子会社が上場されれば、その企業価値は一目瞭然になることがメリットです。

「株主第一主義」に変化の兆しも……

◉波紋を呼んだビジネス・ラウンドテーブルの提言

米国では一般に企業の所有者は株主であり、経営者は株主のエージェントとして株主利益を最大化する義務があると理解されてきました。一方、日本企業の経営は株主だけでなく、債権者、従業員、地域社会、政府・自治体など様々な関係者の利害に配慮するステークホルダー重視主義の傾向が強くあります。

リーマンショック以降の持続的な株高で大きな恩恵を受ける富裕層や企業経営者が出る一方、グローバル化やデジタル化の流れに乗り遅れたブルーカラーなどが支持するトランプ大統領が生まれた背景です。ただし、トランプ大統領自身は事業に成功した超富裕層ですが、労働者の味方を装って当選し、結局、富裕層や大企業が恩恵を受ける大型減税を実施しました。

世界的に格差拡大への批判が起き、ＥＳＧ投資が流行るなか、米国大企業からも"Shareholder primacy"すなわち「株主第一主義」見直しの機運が出てきました。

米国主要企業の経営者団体のビジネス・ラウンドテーブルが2019年8月の、"Statement on the Purpose of a Corporation"において、会社の主たる目的は株主の利益を図ることであるとしていた従来の宣言を見直し、消費者、従業員、取引先、地域社会といったステークホルダーの利益も重視する立場を打ち出したことが、世界的に大きな波紋を呼びました。株主第一主義への世論の反発を考慮して、米国大企業はこうした姿勢を打ち出さないと、より厳しい規制に直面するとの危機感を抱いたのかもしれません。

これに対して、ハーバード大学ロースクール教授のモートン・ピアースは、この宣言を法的に不正確でかつ不必要と批判しました。多くの米国企業が設立されるデラウェア州の会社法は、取締役は株主の最善の利益のために行動するフィデューシャリー義務を負うとしているからです。株主が企業の所有者であり、取締役と取締役が選ぶCEOは株主のために行動する必要があるとの指摘です。

バイデン政権下でも、格差是正や「株主第一主義」の見直しの動きが強まりそうです。歴史的に見ると、どこの先進国においても、その時々の経済・社会・政治の状況によって、株主重視とステークホルダー重視のバランスが変わります。

米国大企業は慈善事業が好き!?

コロナ禍前からGAFAなど大企業に対する儲け過ぎ批判がありましたが、コロナ禍で世界中の大企業は社会貢献を求められました。伝えられたものを以下に列挙します。

Uberは医療従事者と高齢者などに配車と食品配達サービス1000万回分を無償で提供しました。

ネットフリックスは1億ドルの救済基金を立ち上げ、番組を制作するスタッフを支援しました。

アップルは世界各地のサプライチェーンを通じて3000万枚以上のマスクを調達し、欧米の医療従事者に寄付しました。

ナイキは工場を改造して、オレゴン健康科学大学と協力して医療用フェイスシールドや電動ファン付き呼吸用保護具のレンズを製造しました。

スターバックス創業者のハワード・シュルツ氏は「プレート基金」を設立し、ワシントン州で失業したり、勤務時間が激減したりしたレストラン従業員に500ドルの緊急支援金を配りました。

マイクロソフト創業者のビル&メリンダ・ゲイツ財団はワクチン開発のために2・5億ドル以上の資金を拠出しました。

Newsweek 2020年9月29日号の「コロナで世界に貢献したグッドカンパニー」によると、米国企業による事前事業への寄付は年260億ドル（2・7兆円）に上りますが、それでも純利益の1％弱にすぎません。"Giving Done Right" の著者フィル・ブキャナン氏は「株主への利益還元が善意に勝つ」現状では企業の社会貢献もうわべだけだと批判しました。大抵の会社は自社の事業と関連ある分野に寄付金を出す傾向があります。優秀な経営者は慈善活動が長い目でみれば、業績に貢献することを知っています。コロナ危機は企業が好感度を上げる戦略的な好機となりました。

ADVANTAGES ASSOCIATED WITH
LONG-TERM INVESTMENTS IN US STOCKS

第 6 章

米国株の業種構成と主要銘柄

セクター分類で大きくとらえる

◉情報テクノロジーの比率が高いS&P500

東証の業種分類は33業種ですが、米国の業種分類は1999年にS&PとMSCIが共同で開発した産業分類GICS（Global Industry Classification Standard）に基づきます。GICSは、世界の産業をエネルギー、素材、資本財・サービス、一般消費財・サービス、生活必需品、ヘルスケア、金融、情報技術、電気通信サービス、公益産業の10セクターに分類しています。さらにこのセクターを24の産業グループ、67の産業、156の産業サブグループに分類しており、グローバルスタンダードとして広く利用されています。

2020年11月末時点でS&P500の業種で比重が最も高いのは情報テクノロジー（Information Technology）の27・6%で、その比重は年々高まっています。2番目に比重が高いのがヘルスケアの13・7%、3番目が一般消費財（Consumer Discretionary）の11・3%、4番目がコミュニケーション・サービスの11・0%、5番目が金融の10・4%、6番目が工業（Industrials）の8・7%、7位が消費安定財（Consumer Staples）の6・8%、8位が公益の2・

9％、9位が素材の2・7％、10位が不動産の2・5％、11位がエネルギーの2・3％でした。

米国投資家にはエネルギーや素材は新興国の産業であり、先進国がやるべき産業ではないという考え方がありますが、日本の業種比重に比べて、素材の比率がかなり低くなっています。一般消費財は自動車、高級服、メディア、ホテル、贅沢品など生活必需品でない財やサービスである一方、消費安定財は食品、飲料、日用品などの生活必需品を含みます。GAFAでもアップルやマイクロソフトなどは情報テクノロジー、フェイスブックはコミュニケーション・サービス、アマゾンは一般消費財と業種分類が異なります。日々のセクター・パフォーマンスはCNBCのWebの

図表6-1：S&P500とTOPIXの業種比重

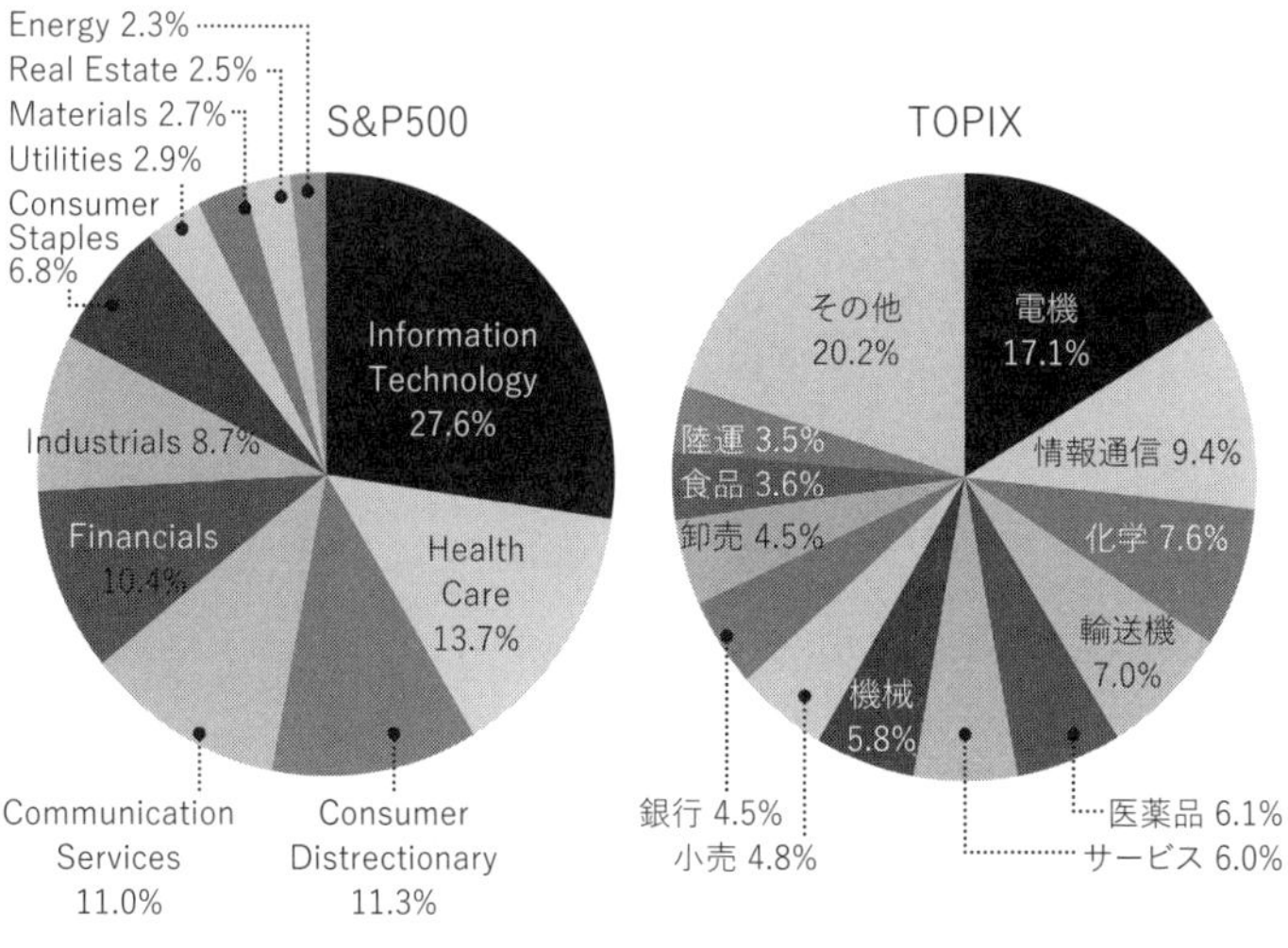

注：2020年11月末時点
出所：ブルームバーグよりみずほ証券エクイティ調査部作成

セクター・ウォッチなどで確認できます。

◉重要性増すファクター投資

セクター見通しを当てるためには、マクロ経済動向のみならず、株価バリュエーション、各産業の構造変化、新技術の隆興などを予想する必要があります。証券会社はどのセクターをオーバーウエイト、アンダーウエイトすべきなどの推奨をしますが、当たらないので、セクター比率はベンチマークと同じく中立として、同セクター内での個別銘柄の比重を変えることで勝負するという機関投資家やヘッジファンドもあります。

セクター投資に代わって近年、機関投資家のあいだで流行しているのがファクター投資です。各銘柄はグロース（成長性が高い）、クオリティ（質が高い）、バリュー（割安）、モーメンタム（株価的に勢いがある）などの特徴があります。先進国ではグロースの代表的業種は情報テクノロジー、バリューの代表業種は金融や素材ですが、経済成長率が高い新興国では金融もまだグロースだったりする場合があります。先進国でも経済成長率と金利が低い環境では、独自の成長力があるグロースがバリューにアウトパフォームする傾向がある一方、景気が過熱し、金利が上昇するような局面では、競争力の低い企業でも利益を出せるようになるので、バリューがアウトパフォームする傾向があります。

証券会社のクォンツは日々、効いているファクターを計算・公表しているので、機関投資家はファクターの効き具合を見ながら、ポートフォリオの中身を調整します。ファクターに基づいてプログラムを組んだクォンツ運用をする運用会社もあります。

個人投資家でも米国株でグロースとバリューのどちらが強いかについては、yahoo! financeで、S&P500グロース指数のETFであるSPYGと、同バリュー指数であるSPYVを比較することによって、パフォーマンスを知ることができます。

◉モーメンタムファクターはITバブル期以来の高バリュエーション

世界的にグロース株とバリュー株のバリュ

図表6-2：S&Pバリューのグロース指数に対する相対パフォーマンスと米国10年国債利回り

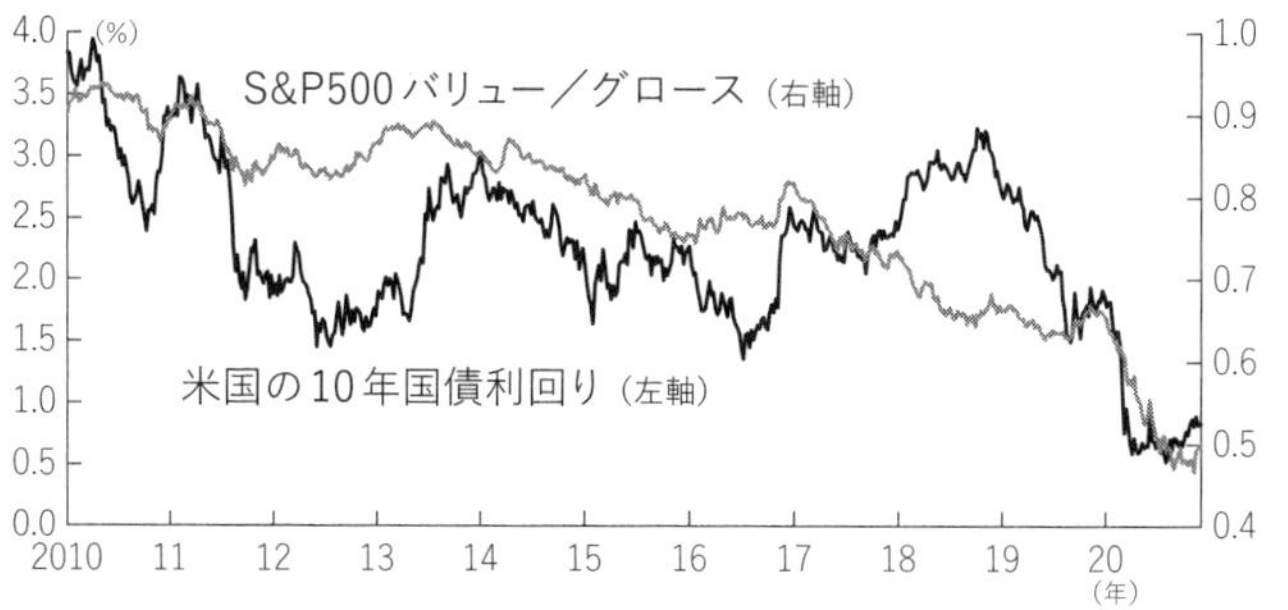

注：2020年11月30日時点
出所：ブルームバーグよりみずほ証券エクイティ調査部作成

エーションが開き過ぎているので、上がった株が売られ、下がった株が買われるリターンリバーサルを警戒する向きもあります。

たとえば、2020年11月末時点で、予想PERはテスラが900倍、アマゾンは93倍、ネットフリックスが65倍、アップルが36倍であるのに対して、銀行最大手のJPモルガン・チェースは15倍、インテルは10倍、ゴールドマン・サックスはわずか8倍です。

コロナ禍でIT企業が提供するサービスへの需要が高まり、業績も急拡大した一方、景気減速でシクリカル（景気敏感）企業の業績が悪化しました。

2020年9月までの3カ月に株価モーメンタム（上昇基調にある銘柄）のリターンは9・4%と、時価総額加重平均のベンチマークを4・6%アウトパフォームし、グロースファクターのリターン7・0%も打ち負かすほど強いパフォーマンスになりました。

株価モーメンタムの5分位でトップのグループの過去3年のEPS伸び率が年率20%だった一方、同最低のグループは年1・6%の利益成長率しかありませんでした。強いモーメンタムはコロナ禍下では安全な株式と見られました。投資家が業績の安定性と低レバレッジを高く評価した結果、モーメンタムファクターを2000年のITバブル期以来の高バリュエーションに押し上げました。ロビンフッダーがオプションなどを使って短期的なリターンを追いかけるので、モーメンタムファクターは流動性との感応度が高まりました。

今後幅広く世界景気が回復すれば、バリュー株がアウトパフォームするでしょう。歴史的水準に比べて、米国のバリューは82％、グローバル・ファクターは29％ディスカウントされた水準にあります。今後も低成長が続いたり、コロナが再拡大したりすれば、グロースやモーメンタムがアウトパフォームするでしょうが、ワクチンが開発されて、景気回復し、長期金利が上昇するリスクがあるため、ある程度バリュー株も保有すべきと思われます。

米国の大手テクノロジー企業の実像

●時価総額1兆ドルクラブ

2020年11月末時点の時価総額でアップルが2兆ドル、マイクロソフトとアマゾンが1・6兆ドル、アルファベットが1・2兆ドルで、4社が1兆ドルクラブ入りしています。フェイスブックが0・8兆ドルで、これら5社の時価総額合計は7・2兆ドル（約760兆円）と、東証一部の時価総額の約670兆円を大きく上回ります。

2020年7月末にアップルは好業績と株式分割を発表して、1日に株価が10％超上昇しましたが、これは時価総額が1日で約20兆円増加と、東証で時価総額が最大のトヨタ自動車の1社分が増えた計算になりました。これら5社の時価総額合計はS&P500の時価総額の4分の1、ナスダックの時価総額の約4割を占めます。

日本ではソフトバンクグループ、キーエンス、ソニーが時価総額10兆円程度で、日本の大手テクノロジー企業は1兆ドル（100兆円）クラブではなく、せいぜい10兆円クラブです。

米国の大手ITテクノロジー企業の時価総額が大きいのは、高バリュエーションだけでなく、利益水準も高いためです。アップルの2020年9月期までの12カ月の純利益は574億ドル（約6兆円）と、トヨタ自動車の2020年度純利益予想の1・4兆円の約4倍

図表6-3：米国テクノロジー大手5社と東証一部の時価総額の推移

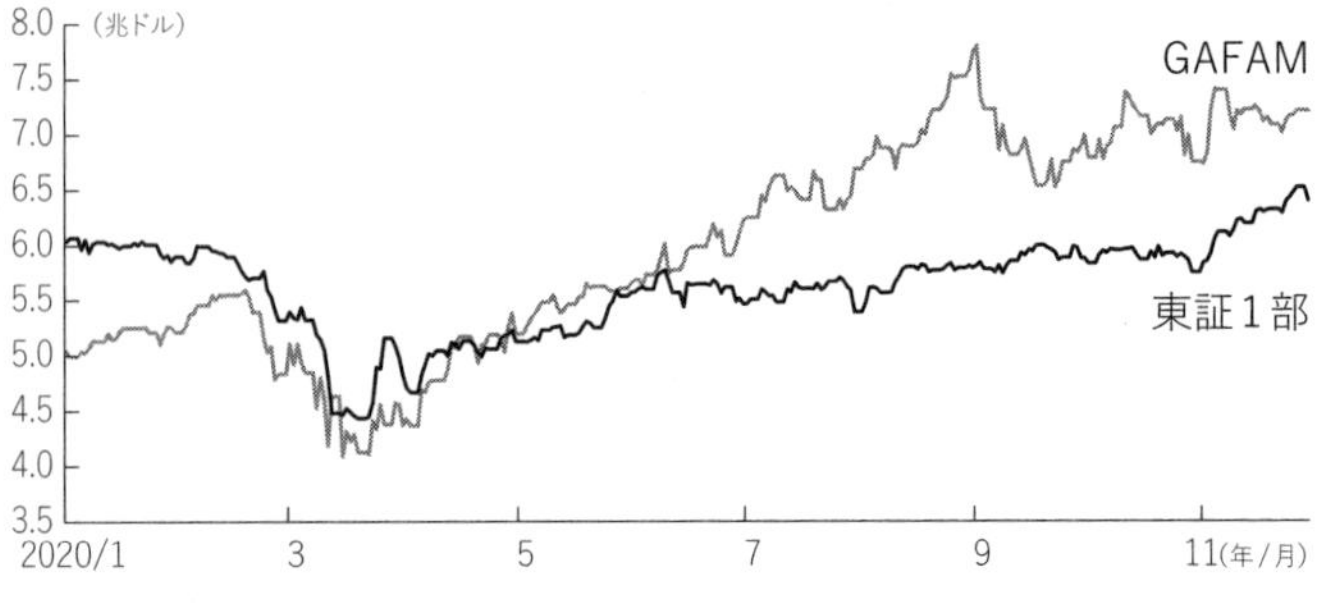

注：2020年11月30日時点。米国テクノロジー大手5社はGAFAM（グーグル＝アルファベット、アップル、フェイスブック、アマゾン、マイクロソフト）

出所：ブルームバーグよりみずほ証券エクイティ調査部作成

です。アップルの純利益にＰＥＲ35倍を乗じると、時価総額が2兆ドルになります。

一方、トヨタ自動車の場合、成長性が低いと見なされて、ＰＥＲは15倍にしかならず、予想純利益を乗じると時価総額が20兆円強と、アップルの約10分の1です。ソフトバンクグループの孫正義会長兼社長は、自社株の評価の低さを嘆きますが、時価総額を大きくするには、純利益を増やすと同時に、市場期待を高めてバリュエーションを上げる必要があります。

●世界のテクノロジー企業のリーダーの変遷

ニューヨーク大学スターン経営大学院のスコット・ギャロウェイ教授は２０１７年に出版した"the four"（日本語タイトルは『ＧＡＦＡ：四騎士が創り変えた世界』）で、「時価総額１兆ドルを達成するのはどの企業なのか？　アマゾンが1兆ドルに最も近いだろう」と述べていましたが、最初に時価総額1兆ドルを達成したのはアップルで、２０１８年8月初めのことでした。ギャロウェイ教授は「アップルはテクノロジー企業ではない。アップルがやっているのは人々に製品、サービス、感情を販売することだ。それを買った人は神に近づき、もっと魅力的になれる」と語っていました。

アップルはサービス売上比率が高まっており、２０２０年2Ｑにサービス売上は前年同期比15％増と、製品売上伸び率の10％を上回り、売上全体の22％を占めるに至りました。

スコット・ギャロウェイ教授はグーグルについては、すべての疑問に答えてくれる「全知全能で無慈悲な神」だと称していました。

世界のテクノロジー業界は変化が激しく、時価総額トップ10に1997年、2007年、2017年にいずれも入っていたのはマイクロソフトしかありません。創業年はマイクロソフトが1975年、アップルが1976年ですが、アマゾンが1994年、グーグルが1998年、フェイスブックが2004年でした。

米国では日本の「社歴100年」企業のような、成長せずに、従業員を解雇せずに存在しているだけの企業を評価する雰囲気はあり

図表6-4：米国の主要テクノロジー企業の創業と上場年

創業年	上場年	上場市場	会社名
1911	1924	ニューヨーク	IBM
1968	1971	ナスダック	インテル
1975	1986	ナスダック	マイクロソフト
1976	1980	ナスダック	アップル
1977	1986	ニューヨーク	オラクル
1982	1986	ナスダック	アドビシステムズ
1984	1990	ナスダック	シスコ
1993	1999	ナスダック	エヌビディア
1994	1997	ナスダック	アマゾン
1998	2004	ナスダック	グーグル（アルファベット）
1999	2004	ニューヨーク	セールスフォース
2003	2012	ニューヨーク	サービスナウ
2004	2012	ナスダック	フェイスブック
2006	2018	ニューヨーク	スポティファイ
2009	2019	ニューヨーク	ウーバー
2011	2019	ナスダック	ズーム

出所：会社資料、ブルームバーグよりみずほ証券エクイティ調査部作成

ません。スコット・ギャロウェイ教授は、「GAFAが今後何十年もいまの地位に留まると思い込むべきでない。1950〜1960年代にIBMがエレクトロニクスの世界を支配していたが、ハードウェアで乗り遅れた。ヒューレットパッカードが世界最大のテック企業だったのはほんの10年前のことだ。それがリーダーに恵まれず転落し、やがて崩壊した。マイクロソフトはいまも巨大企業だが、世界を支配する宿命を負った手のつけられない怪物だと思っている人は少ない」と指摘し、同書の第9章の「NEXT GAFA」（第5の騎士は誰なのか）で、アリババ、テスラ、ウーバーを候補として挙げていました。ただ、この本が書かれた時点で、コロナウイルスの出現がGAFAの成長を加速するとは誰にも予想できませんでしたが……。

●ソニーの時価総額がアップルを上回っていた日

2011年にコンサルタントの長谷川正人氏は『なぜアップルの時価総額はソニーの8倍になったのか？』で、「アップルの時価総額はソニーを2005年に初めて逆転し、2007年に3倍、2010年3月末に時価総額はアップルが2134億ドルとソニーの6〜7倍になった。またアップルの時価総額がIT業界で長らくナンバーワンだったマイクロソフトを抜いたことが話題になった」と書いていましたが、そのときに比べてアップルの時価総額は約9倍に増えたことになります。

当時のソニーの業績は低迷していましたが、その後業績を回復させ、株価は19年ぶりの高値に上昇しましたが、アップルとの時価総額格差は約20倍と拡大しました。アップルが経営不振に陥っていた1990年代半ばには、ソニーがアップルの買収を検討していると噂も出ていたので、いまとは雲泥の差です。ソニーのウォークマンはiPhoneに取って代わられましたが、スマホのカメラのCMOSイメージセンサーで世界シェア5割を握り、ゲームでもプレイステーションでマイクロソフトのXboxと対等に競争しているので、日本企業としては健闘しているといえます。

いまやソニーに加えて、村田製作所、TDK、アルプス電気など日本を代表する電子部

図表6-5：ソニーとアップルの時価総額の長期推移

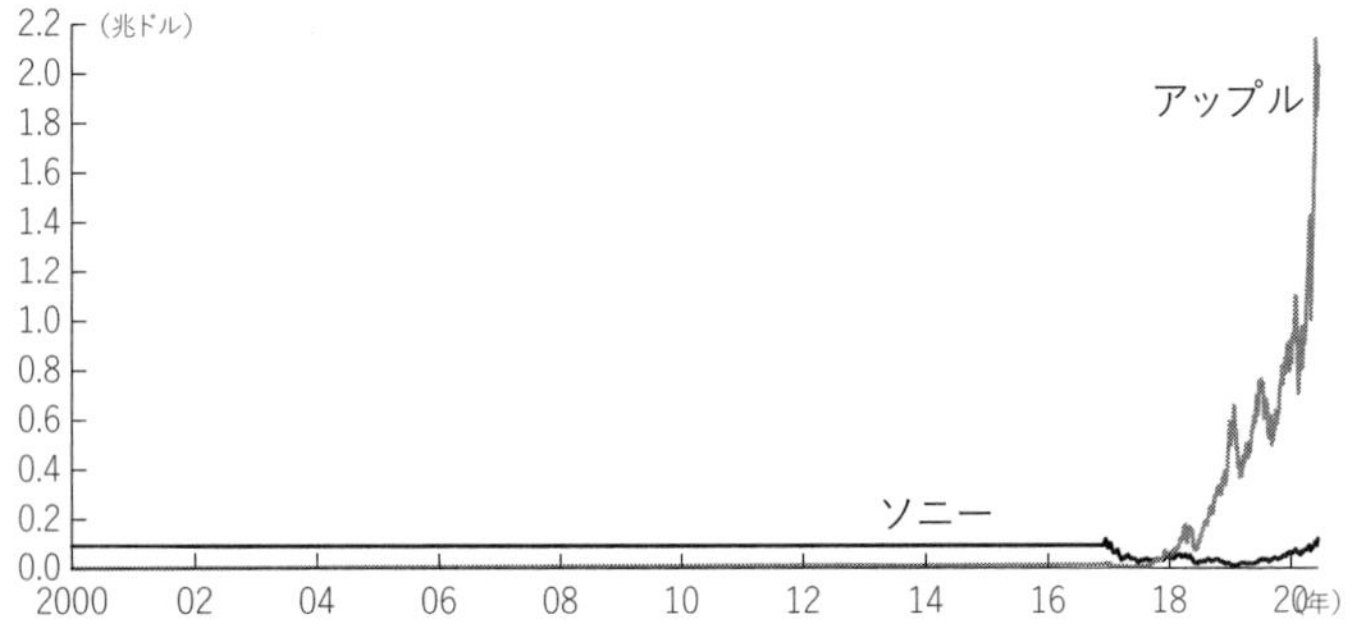

注：2020年11月30日時点
出所：ブルームバーグよりみずほ証券エクイティ調査部作成

品企業はアップル関連株と見なされています。世界のＩＴプラットフォームはＧＡＦＡが握ってしまったので、日本企業はサプライヤーとして生きる道を歩んでいます。米国のＧＡＦＡが世界的な覇権を強めるなか、日本にもＧＡＦＡの下請け的な上場企業が増えています。たとえば、２０２０年に株価が2倍以上に上昇したテラスカイは、日本におけるセールスフォースとアマゾンのＡＷＳのクラウドシステムの導入支援業務を行なっています。マザーズ上場のサーバーワークスも、ＡＷＳの導入支援・保守代行の専業企業です。こうした日本の中小型企業の業績を分析すれば、アマゾンの業績動向の予想に役立つでしょう。

●ＧＡＦＡは積極的なＭ＆Ａで成長

ＧＡＦＡで起きていることは、ウィナーズ・テイク・オール（勝者がすべてを取る）の法則です。米国大手テクノロジー企業はＭ＆Ａを巧く使って成長してきました。

マイクロソフトのＭ＆Ａにはノキアの携帯事業買収のような失敗もありましたが、２０１１年のSkype（買収価格85億ドル）、２０１６年のLinkedin（２６２億ドル）、２０１８年のGitHub（75億ドル）の買収など、その後の成長につながったＭ＆Ａもありました。さらにマイクロソフトは２０２０年9月に「Doom」や「Fallout」などの人気ゲームを輩出するベセスダ・ソフトワークスを傘下に持つゼニマックス・メディアを75億ドルで買収すると発表しました。マイクロソフトのナデラCEOは、「高品質なコンテンツは、Minecraftから Flight Simulatorまで、Xbox Games Passの成長と価値の原動力だ。ベセスダは実績のあるゲーム開発パブリッシャーとしてあらゆるジャンルのゲームで成功している。この買収で、世界で30億人を超えるゲーマーを力づけるという野心を強化する」と語りました。

グーグルは2006年に16・5億ドルでユーチューブを買収し、その後のグーグルの成長に大きな貢献をしました。フェイスブックは2012年に社員13人&売上ゼロだったインスタグラムを10億ドルで買収しました。インスタグラムはその後世界で10億人以上のアクティブユーザーを抱える大きなSNSに成長しました。

アマゾンも2017年に高級食品スーパーのホールフーズを140億ドルで買収しました。アマゾンは日本でも生鮮食品の通販を〝Amazonフレッシュ〟として展開していますが、このときの買収で生鮮食品を扱うノウハウが高まったと見られました。アマゾンは無人スーパー「GO」を展開していますが、ホールフーズ買収でリアル店舗の展開力が高まったと見られます。

なお、ウォルマートも2016年にジェット・ドットコムを33億ドルで買収するなどして、アマゾンに対抗するためのEC能力を高めてきました。米国ではスタートアップ企業が大手テクノロジー企業に買収されるケースが多いので、IPO件数が経済規模に比べて少なくなっています。

●米国企業は成長意欲が高い

野間幹晴一橋大学大学院教授は2019年夏号の『一橋大学ハーバードレビュー』で、米国企業の成長意識の強さについて、連結キャッシュフロー計算書で報告される営業キャッシュフロー、投資キャッシュフロー、財務キャッシュフローに着眼し、企業のライフサイクルを参入、成長、成熟、再編、衰退の5ステージに分類したうえで、既存の経営資源に囚われることなく、ビジネス機会を追求する程度をアントレプレナーシップと定義し、企業のライフサイクルのステージの推移に再帰性があることを指摘しました。

・日米で当期純利益/正味営業資産はあまり変わらないものの、資産回転率は日本のほうが高い一方、営業利益率は米国が大幅に高く、売上伸び率や正味資産伸び率も米国が高くなっている

・日米企業のライフサイクルの分布は、参入ステージは米国が10・2%と日本の5・3%の約2倍、成長企業も米国が33・0%と日本の21・6%より大幅に高い一方、成熟企業は日本が58・0%と、米国の40・7%を大きく上回る

・成熟ステージに達した日本企業は投資水準が低迷する傾向がある。投資水準が低ければ、

中長期的な企業価値の向上や持続的な成長を実現するのが困難になる。日本企業では成熟企業は現状を維持する傾向が強く、参入や成長ステージ企業も成熟ステージに移行し、企業が成熟化しやすい傾向がある

・米国企業は成長志向が強く、成長ステージや再編ステージであっても成長ステージに再帰する傾向があり、米国の成熟企業は当期純利益／正味営業資産が高いにもかかわらず、成長ステージを維持する企業や成長企業に再帰する企業が多くなっている。マイクロソフト、ウォルマート、ＩＢＭなど巨大企業も、新興企業のＭ＆Ａなどを通じて、成長力を維持しようとしている

◉米国企業はカスタマーサクセスを優先

経営コンサルタントの弘子ラザヴィ・サクセスラボ代表取締役は、２０１９年に出版した『カスタマーサクセスとは何か：日本企業にこそ必要な「これからの顧客との付き合い方」』で、米国主要企業のカスタマーサクセス優先姿勢を絶賛し、日本企業にも必要だと指摘しました。

デジタル時代に強い競争力を持つ事業は、課金制度がサブスクリプションモデルかどうかでなく、リテンションモデル（カスタマーを虜にするモデル）です。このモデルでは、利用者

が日常的・継続的にそのプロダクトを利用し、モノの所有に対してではなく成果に対して対価を払います。利用者は自分にとって嬉しい成果が得られるならば、自分の個人データをプロバイダーが取得することを許します。

アマゾンにとっては利用者が「アマゾンなしでは生活できない」と思うほど、なくてはならない存在になることが究極の目的です。孤独な在宅勤務で、アマゾン・エコーに話しかけて、会話や音声ショッピングをする人がいます。アマゾンはコロナ対策として、従業員採用、倉庫拡大、配送網の充実などを行なっています。

iPhoneやiPadを複数台持ち、アップルウォッチをして、iTunesでダウンロードした音楽を聴きながら運動するアップル漬けの人がいます。

米国企業はカスタマーサクセスがExistential（必要不可欠）だと考えているそうです。数あるビデオ会議会社のなかで、ズームが成長して時価総額が1360億ドルと、IBMの1100億ドルを抜いたのは、PLG＝Product Led Growth（マーケティングやセールスの活動をプロダクトの内部で行なうことで企業を成長させる戦略）に成功したためだとみられます。テスラは“Customer Centric”（顧客重視）な会社で、ソフトウェアをアップデートすることにより、EVを売った後に顧客に価値を提供し続けています。

◉過去10年に最も変革した企業

アマゾンは昔、本の通販会社だと思っていたら、フレッシュフードまで何でも売る会社となったうえ、AWSで世界最大のクラウド企業になりました。米国大手テクノロジー企業は常に新しい種まきをしながら、またM&Aを行ないながら事業領域を広げてきました。

2019年9月の『ハーバード・ビジネスレビュー』の"Top 20 Business Transformations of the Last Decade"（過去10年間でビジネスを変えた上位20企業）で、ネットフリックスは1位に選ばれました。S&P500とGlobal2000企業が調査対象です。以下の3つが選択基準です。①新たな成長〜新たな製品やサービス、新市場、新たなビジネスモデルを創造したか？　コア事業以外の売上比率な

図表6-6：『ハーバード・ビジネスレビュー』の事業変革が評価される世界企業上位20

2019年		
順位	会社名	本社所在地
1	ネットフリックス	米国
2	アドビ	米国
3	Amazon	米国
4	テンセント	中国
5	マイクロソフト	米国
6	アリババ	中国
7	オーステッド	デンマーク
8	インテュイット	米国
9	平安保険（Ping An）	中国
10	DBSグループ	シンガポール
11	A.O.スミス	米国
12	ネステ	フィンランド
13	シーメンス	ドイツ
14	シュナイダーエレクトリック	フランス
15	シスコ	米国
16	エコラボ	米国
17	富士フイルム	日本
18	AIAグループ	中国
19	デル	米国
20	フィリップス	オランダ

2017年		
順位	会社名	本社所在地
1	アマゾン	米国
1	ネットフリックス	米国
3	プライスライン	米国
4	アップル	米国
5	エトナ	米国
6	アドビ	米国
7	DaVita	米国
8	マイクロソフト	米国
9	ダノン	フランス
10	ThyssenKrupp	ドイツ

注：2017年は10位までの発表
出所：ハーバード・ビジネス・レビューよりみずほ証券エクイティ調査部作成

どが新たな成長エリアとしてカウントされます。②コア事業の再ポジショニング～伝統的なコア事業を市場の変化や破壊に対応させて、レガシー事業を復活させたか？　③フィナンシャルズ～企業が強い財務的な結果や株価のパフォーマンスをあげたか？　企業の変革期間の業績のCAGR（年平均成長率）、利益率、株価の年平均上昇率などを測ります。

1位に選ばれたのがネットフリックスで、元々は映画会社からコンテンツを買っていたのを、オリジナルコンテンツを売上の44％に増やしたことや株価が2012年以降年率59％上昇したことなどが評価されました。ネットフリックスは2017年にもアマゾンと並んで同率1位でした。2位はアドビでDigital Experiment Cloudの売上が同27％を占め、株価が年率27％上昇したことが評価されました。2017年調査で1位だったアマゾンは3位となりましたが、Webサービスが売上の11％を占め、株価が年率39％上昇したことが評価されました。

◉米国大手テクノロジー企業のアナリストのカバー数は40～50人もいる

米国の大手テクノロジー企業は証券会社のアナリストによるカバーが40～50人もいて、その多くが買い推奨です。たとえば、アマゾンはカバーアナリスト56人のうち54人が買い推奨しています。よほどの天才でなければ、これだけ多くのアナリストがカバーしている銘柄は、他のアナリストやファンドマネージャーと異なる見方を出すのがむずかしいといえます。本当に大手テクノロジー企業の業績や株価動向を予想できるエキスパートがいたら、その会社のOBも含めて給料を数十億円払っても元が取れると思うでしょう。

時価総額最大のアップルの買い推奨アナリスト数は他の大手テクノロジー企業より少ないですが、米国大手ファンドは大手テクノロジー株のわずかな比重の変化でパフォーマンスを競っているといえます。

トヨタ自動車やソニーなど日本の時価総額が大きい銘柄のアナリストのカバレッジ数は20〜30ですが、大型株で勝負してもアルファ（ベンチマークを上回るリターン）が得られないので、大型株はベンチマーク比重並みの投資を行な

図表6-7：日米主要企業のアナリストのカバー数

	会社名	時価総額（10億円）	アナリストのカバー数	買い	ホールド	売り
日本	トヨタ自動車	22,838	23	14	7	2
	ソフトバンクグループ	15,197	17	16	1	0
	キーエンス	12,961	20	14	4	2
	NTTドコモ	12,504	13	2	10	1
	ソニー	12,237	28	24	3	1
	日本電信電話	9,615	14	9	5	0
	ファーストリテイリング	9,116	16	8	7	1
	任天堂	7,803	26	20	5	1
	中外製薬	8,469	12	4	7	1
	リクルートHD	7,462	16	11	4	1
米国	アップル	2,024	43	29	11	3
	マイクロソフト	1,618	39	35	4	0
	アマゾン・ドット・コム	1,590	56	54	2	0
	アルファベット	1,189	44	40	4	0
	フェイスブック	789	56	47	6	3
	バークシャー・ハサウェイ	537	3	2	1	0
	ビザ	465	38	32	5	1
	ウォルマート	433	38	27	9	2
	ジョンソン・エンド・ジョンソン（J&J）	381	20	14	6	0
	プロクター・アンド・ギャンブル（P&G）	344	23	13	8	2

注：2020年11月30日時点、このリストは推奨銘柄でない
出所：ブルームバーグよりみずほ証券エクイティ調査部作成

い、アルファは中型株で勝負するというファンドマネージャーもいます。

COLUMN

米国テクノロジー企業を理解するための本①

米国のテクノロジー企業については日本語でも多くの翻訳本が出ていますので、投資する前に読むと役立つでしょう。マーク・ベニオフ著の『トレイルブレイザー』は、セールスフォース・ドットコムの創業者兼CEOの自叙伝です。ベニオフCEOは日本贔屓で、世界中に160のオフィスがあるなか、東京オフィスは米国以外の初の拠点となりました。ベニオフCEOはサンフランシスコとハワイに住んでいるそうですが、ハワイでトヨタ自動車の豊田社長に会って顧客化したそうです。株式の1%、製品の1%、従業員の就業時間の1%を慈善活動に使う「1－1－1モデル」を実践しています。セールスフォース・ドットコムの時価総額は2020年11月6日時点で約1900億ドル（約20兆円）とトヨタ自動車並みです。

スペン・カールソン他著の『Spotify：新しいコンテンツ王国の誕生』は、2006年に23歳のダニエル・エク氏によってスウェーデンで創業され、ユーザー2・3億人と世界最大の音楽ストリーミング会社となったSpotifyの起業から米国進出、2018年のニューヨーク証券取引所上場に至るストーリーを描いています。フェイスブックとの連携、ソニーとの提携、アップルとの対立などＧＡＦＡの戦略を考えるうえでも役立ちます。

ジーナ・キーティング著『ＮＥＴＦＬＩＸ　コンテンツ帝国の野望：ＧＡＦＡを超える最強ＩＴ企業』が日本語で出版されたのは２０１９年６月でしたが、その後ネットフリックスの株価は6割超上昇しているので、この本を読んでネットフリックスの株を買っても儲かった計算になります。ネットフリックスが日本に進出したのは２０１５年９月でしたが、身近なサービスを感じ取って、米国株に投資するのが得策といえます。ネットフリックスの創業は１９９７年でしたが、創業者のマーク・ランドルフ氏は、「書籍以外の何かを扱うアマゾン」を意識したそうです。ネットフリックスは市場規模80億ドルのビデオレンタル業界の三巨人（ブロックバスター、ムービーギャラリー、ハリウッドビデオ）を破綻に追い込み、アマゾンの脅威を跳ね返し、ハリウッドの映画スタジオのデジタル化を後押ししながら、急成長しました。

強まるＧＡＦＡへの政治的圧力

◉大学教授のGAFA批判

GAFAM（グーグル＝アルファベット、アマゾン、フェイスブック、アップル、マイクロソフト）5社の時価総額合計は約7兆ドルと、S&P500の約4分の1、ナスダック市場の約3分の1を占めるため、株価指数を考えるうえで、その行方は極めて重要です。

これら巨大IT企業に対する政治的な批判が強まっています。前出のスコット・ギャロウェイ教授は『文藝春秋』2020年9月号に寄稿した「コロナ禍でGAFAだけが焼け太る」で、以下のような趣旨でGAFAを批判しました。

〈コロナ禍で他社が苦境に陥っているとき、資金力に勝るGAFAは買収を加速している。フェイスブックに限らず、GAFAの強みは豊富な資金だ。株価が急落したボーイングの時価総額は820億ドル、エアバスが同450億ドルなので、グーグルの1200億ドルの保有現金で両社を買収できる。アマゾンのベゾスCEOは個人で1800億ドル超の資産を持っているので、NFLの全チームと欧州のトップ3のサッカーチームを買収してもまだ金が余る。iPhoneはビジネス史上、最も儲かる製品だ。フェラーリのようなマージンで生産量はトヨタ自動車並みだ。GAFAはコロナを贖罪の絶好の機会ととらえて、賢くふるまっている。フェイスブックはマーク・ザッカーバーグCEOに支配されており、彼と異なる意見を持つ取締役は同社を去る。たった1人の男が支配するこのプラットフォームに毎日17億人がアクセスしている。ザッカーバーグCEOはソシオパス（社会病質者）的な傾向を持ち、米国の健全さにまったく関心がない。コロナが始まったころ、グーグルとフェイスブックはデジタル・マーケティングの6割をコントロールしていたが、今後70〜80％をコントロールしよう。アマゾンの時価総額は2021年末に2兆ドルを超えよう。逆に、ショッピングモールの3分の1以上は消えよう。株式市場はトップ10％の企業の経済的繁栄を反映しており、トップ10％の株価が全体の8割を占めている。ナスダックは実体経済の指標ではなく、裕福な米国人の指標だ〉

●米国下院のGAFA批判レポート

2020年9月6日に米国下院は反トラスト法に関する調査報告で、GAFAの問題行為を批判し、事業分割を提言しましたが、実現性が疑問視されたのか、GAFA株に悪影響を与えませんでした。ただし、バイデン政権ができて、上院も民主党が制することになれば、大手テクノロジー企業への規制強化が現実のものになる可能性もあります。

報告書は以下のような趣旨のことを指摘しています。

〈アマゾン、アップル、フェイスブック、グーグルの商慣行に問題がある。各プラットフォームは門番の役割を果たしており、勝者と敗者を選ぶことができる。法外な手数料や横暴な契約条項を課し、他社から有益なデータを抜き取ることで、強力な力を乱用している。門番としての地位を、市場で力を維持するために使っている。かつての新興企業は石油王や鉄道王の時代に見られた独占企業のようになってしまった。これらの企業は力を持ち過ぎた。力を抑制し、適切な監視や法律の下に置かなければならない。我々の経済と民主主義は危機に晒されている。市場の力は大量の買収のおかげだ。競争上の脅威を薄めるため、潜在的な競争相手を買収した。プラットフォームの支配は消費者の選択肢を減らし、イノベーションや起業家精神を損ない、自由で多様な報道を弱体化し、米国民のプライバシーを侵害している。米国民の多数は懸念を共有している〉

◉司法省がグーグルを独禁法違反で提訴

米国下院の報告書は以下のように続けています。

〈フェイスブックはSNSで独占的な力を持っている。データの優位を活用し、新たに競合となりそうな脅威を見つけては、買収や複製、または抹殺してきた。グーグルの独占は高い参入障壁で守られている。アマゾンのプラットフォームは他に有力な選択肢がない中小企業を独占している。アップルは携帯端末のOS市場で大きな力を持ち、独占の力をアプリストアでも振るっている。アプリ開発者を不当に扱ったり、ストア内で競争的水準を上回る価格を開発者に請求したりしている。一部のプラットフォームの優位性が民主主義に不可欠な信頼できるニュース発信源の減少の原因になっている。優勢なプラットフォームの市場支配力は、政治的自由と経済的自由の両方を損なうリスクがある。巨大なIT企業の構造的な分割や事業を制限する立法を検討すべきだ。現在のデジタル市場に合わせて独禁法を改正し、独禁法の当初の意図や目的を再強化すべきだ。買収を禁止するため、法的規制を強化すべきだ〉

司法省は10月にグーグルを独禁法違反で訴え、12月にフェイスブックも同様の理由から提訴しました。司法省は「約20年前、革新的な検索手法でシリコンバレーの寵児になった新興企業はとっくの昔に姿を消した。今日のグーグルはインターネットの独占的な門番となり、検索市場の独占（シェア約9割）を維持するため、長年反競争的な戦術を使ってきた」と批判しました。1998年の司法省によるマイクロソフトに対する訴訟でも、最終的に和解が成立するまで約3年かかったので、提訴の短期的な悪影響は小さいと思われたのか、アルファベット株にネガティブな反応は出ませんでした。

●権力乱用に対するGAFAの反論

報告書に対して、グーグルは「米国人は議会がグーグルのサービスを傷つけることを望んでいない」、アマゾンは「提言は破壊的で有害だ」などと反発しました。

報告書でも取り上げられた石油王とは１８７０年にロックフェラーによって創設されたスタンダードオイルのことであり、１８７８年までに米国内の石油精製能力の90%を支配しました。この独占による弊害を防ぐために、連邦議会は１８９０年に米国初の独禁法に当たるシャーマン法を制定しました。スタンダードオイルは１９１１年に連邦最高裁の命令によって34の会社に分割されました。

近代でも２０００年に連邦地裁が、マイクロソフトがＯＳでの圧倒的な地位を乱用して自社開発の閲覧ソフトを抱き合わせ販売していることを問題視して、２社への分割命令を出しましたが、控訴裁判所が地裁の分割命令

図表6-8：米国政府の大手企業に対する訴訟

会社分割したケース	**スタンダードオイル**（石油） 市場の独占で反トラスト法（独占禁止法）違反で提訴	1911年、34社に分割（最高裁の解体命令）
	AT&T（通信） 通信分野の独占状態から、子会社分割を要求	1984年、長距離通信会社と地域通信7社に分割（和解）
分割を回避したケース	**IBM**（IT） コンピューター市場の独占を反トラスト法違反で提訴	1982年、当局が企業分割要求を撤回（和解）
	マイクロソフト（IT） ウィンドウズ（OS）の支配的地位の乱用を提訴	地裁判決で分割命令が下るも、2001年に高裁が差し戻し（和解）

出所：読売新聞（2020年10月22日）よりみずほ証券エクイティ調査部作成

を破棄しました。マイクロソフトが分割に至らなかったのは2000年の大統領選挙でジョージ・ブッシュ（子）が勝利し、共和党政権が誕生したことが一因といわれています。

GAFA企業にとって規制は事業上の最大のリスクであるため、ワシントンで巨額の費用を使ってロビー活動をしています。2019年のロビー活動費はフェイスブックが1670万ドル、アマゾンが1610万ドル、グーグルが1180万ドル、アップルが740万ドルでした。たとえば、フェイスブックの2019年の純利益は185億ドル（約2兆円）なので、ロビー活動に20億円弱使っても痛くも痒くもないといえます。

フェイスブックの2019年のアニュアルレポートは120ページですが、うち28ページにわたってリスクファクターについて議論しています。そこには「政府規制関連では、法制・規制・訴訟などの変化が事業に多大な影響を与える可能性がある、欧州で実施されたGDPR（General Data Protection Regulation）や米国の同等の規制によって、顧客の当社製品へのエンゲージメントが低下、政府がフェイスブックへのアクセスや広告販売を制限する施策が取られれば、事業と業績に多大な打撃となる」などと書かれています。

COLUMN

米国テクノロジー企業を理解するための本②

ＧＡＦＡに関する著書は日本語でも多数出ていますが、田中道昭立教大学ビジネススクール教授は『アマゾンが描く２０２２年の世界』、『アマゾン銀行が誕生する日』、『２０２５年のデジタル資本主義』などの著著があります。上原昭宏・山路達也著『アップル、グーグルが神になる日』が出版されたのは２０１５年でしたが、本当に神的な存在になったといえます。

アマゾンの創業者であるジェフ・ベゾス氏は変人・奇人と言われますが、２０１４年1月にブラッド・ストーン箸『ジェフ・ベゾス　果てなき野望：アマゾンを作った無敵の奇才経営者』との本が出されました。本著でも、「アマゾンのミッションは、顧客第一主義とは何であるのか、その基準を様々な業界で高め、世界で高めることだ」と紹介されましたが、それはいまも変わっていません。本書を読んだ後、ジェフ・ベゾス氏の経営理念に共感して、アマゾンの株を買えば、その後8倍以上に上昇しました。

米国の奇才経営者は私のような日本人の凡人には到底理解できないような発想で企業経営を行なっていますが、２０１８年12月に出版されたクリスチャン・ダベンポート著『宇宙の覇者　ベゾスvsマスク』も両天才経営者の考え方を垣間見るに役立ちます。この本を読んでイーロン・マスク氏の経営理念に共感して、テスラの株を買っていれば、その後6倍以上に上昇しました。イーロン・マスク氏の宇宙開発に加えて、地下トンネルを掘削して自動運転機能の付いたEVを走らせるアイディアなどは現実主義者の凡人には思いつかないことです。経営は改めてロマンだと感じさせます。本著は「宇宙の覇者はいずれも世界的な大企業であるアマゾン、マイクロソフト、英国ヴァージン、テスラ、Paypalなどであり、それぞれ小売、クレジットカード、航空の各業界に破壊的な変革をもたらした者たちだ。それらの破壊者たちが莫大な私財を投じて、宇宙旅行を大衆の手に届くものにするとともに、これまで国主導で行なわれてきた有人宇宙飛行の限界を打ち破ろうとしている」と指摘しました。

GAFA以外の注目すべき米国企業

●半導体産業も米国企業が席捲

日本は半導体を含む電子部品企業が強いといわれた時代もありましたが、世界の半導体上位企業は米国、韓国、台湾企業になりました。1990年には世界の半導体売上はNE

C、東芝、モトローラ、日立製作所の順位でしたが、これらの日本企業はトップ10から姿を消しました。『IC Insight』によると、2020年上期の半導体売上トップ10のうち6社が米国で、韓国が2社、中国が1社、台湾が1社で、日本企業は1社も入っていません。米国の半導体の代表的企業といえばインテルでしたが、時価総額ではいまや5位となり、エヌビディアとクアルコムがトップ2となりました。

エヌビディアの時価総額は3300億ドル（約35兆円）で、高成長を織り込んで、予想PERは75倍に達しています。エヌビディアは台湾系米国人のジェン・スン・ファンCEOによって1993年に創業された半導体企業で、ファンCEOは革ジャンを着たCEOとして有名です。エヌビディアは画像処理に強い半導体チップであるGPUを展開し、ゲーム向けやデータセンター用に多く使われています。エヌビディアは2020年9月にソフトバンクグループから英国の半導体設計大手アームを4・2兆円で買収し、企業としての勢いの強さを示しました。一方、半導体大手企業だったモトローラは分割されて元の形では存在しておらず、米国企業のスピンオフを使った新陳代謝の強さを示します。

世界の主要半導体企業30社の時価総額加重平均方式で計算されるフィラデルフィア半導体指数（通称SOX指数）には台湾セミコンダクターは含まれますが、日本企業は1社も入っていません。SOX指数は1993年にフィラデルフィア証券取引所によって開発され、

1993年12月1日を200として計算が開始され、1995年7月に2対1の株式分割を行ないました。

GAFAの活躍とともに、スマホやデータセンター等に半導体が必要であるため、半導体需要は大きく増えました。SOX指数は2008年11月の底から約15倍に上昇して、2020年11月末に史上最高値を更新しました。ブラックロックなどからSOX指数に連動したETFも出ています。

●米国の「中小型グロース株」は巨大

米国株に深い知識がない日本の個人投資家はGAFA株や米国テクノロジー株投信を買えばいいでしょうが、GAFAで物足りない投資家は別の成長テクノロジー株を買いたい

図表6-9：フィラデルフィア半導体指数（SOX指数）の上位組入銘柄

順位	コード	会社名	株価（ドル）	時価総額（10億ドル）	SOX比重（%）	年初来株価変化率（%）	予想PER（倍）
1	QCOM	QUALCOMM	147	162.7	8.35	70.26	20.3
2	AVGO	Broadcom	402	159.8	7.82	31.82	15.8
3	TXN	Texas Instruments	161	145.9	7.67	29.43	26.8
4	NVDA	NVIDIA	536	328.3	6.77	128.13	47.3
5	INTC	Intel	48	194.5	6.42	-17.22	10.6
6	MU	Micron Technology	64	71.5	4.76	19.17	16.8
7	LRCX	Lam Research	453	65.7	4.55	56.77	19.2
8	AMAT	Applied Materials	82	75.5	4.53	36.94	16.6
9	NXPI	NXP Semiconductors	158	44.5	4.26	25.79	20.2
10	TSM	TSMC	97	512.1	4.14	70.74	27.2
11	KLAC	KLA	252	39.3	4.10	44.02	20.0
12	ADI	Analog Devices	139	50.9	4.02	18.98	24.3
13	XLNX	Xilinx	146	33.7	3.72	51.16	43.3
14	MCHP	Microchip Technology	134	34.6	3.55	30.11	19.7
15	ASML	ASML Holding	438	186.3	3.50	49.22	38.2
16	AMD	Advanced Micro Devices	93	104.9	3.45	102.05	53.1
17	MRVL	Marvell Technology Group	46	30.2	3.25	75.27	35.6
18	SWKS	Skyworks Solutions	141	22.6	2.47	18.51	18.3
19	TER	Teradyne	110	18.2	1.92	62.63	23.3
20	QRVO	Qorvo	157	17.1	1.87	34.80	17.0

注：組入比重上位20社、2020年11月30日時点、予想はブルームバーグ。このリストは推奨銘柄でない
出所：ブルームバーグよりみずほ証券エクイティ調査部作成

と思うかもしれません。また購入した投信の組入銘柄の内容を知りたいと思う投資家もいるでしょう。以下では気になった成長テクノロジー株を日本の類似企業と比較しながら紹介します。

米国では結婚の3分の1がオンラインでの出会いといわれます。米国大手マッチングアプリのマッチ・グループは、コロナ危機でビデオデートの需要が増えたとして、2020年3Qの売上は前年同期比18％増の6・4億ドル（約700億円）、純利益も同22％増の1・3億ドル（136億円）と好調でした。同社の売上は日本の同業のネットマーケティングの10倍以上あります。

米国オンライン・フィットネスのペロトン・インターアクティブの2020年度の売上は前年比倍増の18億ドル（約1900億円）、オンライン・フィットネスのサブスクリプション数は前年比倍増の110万人、うち有料デジタル・サブスクリプション数は前年比3倍の32万人に増えました。ペロトンはまだ赤字ですが、時価総額は340億ドル（約3・6兆円）と、日本の上場フィットネスクラブのルネサンスの約170億円の200倍以上です。ペロトンとはマラソンやサイクルレースの集団という意味で、「自宅フィットネスサービスのペロトンがすごい！」とネットでも評判になっています。残念ながら、ペロトンは日本語でのサービス展開を行なっていません。

オンライン教育では2Uが大学、Cheggが中高校中心とすみ分けがあります。Cheggの2020年3Qの売上は前年同期比64%増の1・5億ドル（160億円）でした。約400万人のサブスクライバーがいる"Leasing Direct To-Student Connected Learning Platform"であり、"High Growth & High Margin Model"だと謳っています。一方、日本のすららネットの2020年3Qの売上は前年同期比57%増の約5億円と、Cheggの約30分の1でした。オンライン教育が普及すれば、日本でいえば「林先生」的な人気の講師へ需要が集中するので、一般的な教師の存在意義が問われるでしょう。ただし、学校は社会的なつながりをつくる場所でもあるので、オンラインだけの教育に対する不満が大学生のあいだで出たのは日米で共通です。

◉ズーム vs. ブイキューブ

日本のビデオ会議システムのブイキューブの時価総額は約860億円に留まりますが、グローバル展開するズームの時価総額は、その160倍の1360億ドル（約14兆円）に達しています。ズームの2020年度2Qの売上は前年同期比169%増の3・3億ドルと急増しました。日本企業のビデオ会議ではブイキューブより、ズーム、シスコのWebex、マイクロソフトのTeamsを使う企業が多くなっています。

ウィズコロナでデジタル・マーケティングの重要性が一層高まっています。日本でセールスフォース・ドットコムの導入支援を行なうテラスカイの時価総額は約６１０億円ですが、その親元であるセールスフォース・ドットコムの時価総額は２２４０億ドル（約24兆円）に上ります。

電子認証システムのeSingnatureを運営するドキュサインには世界で１億人のユーザーがいて、２０２０年２Ｑの売上が前年同期比45％増の３・４億ドル（３６０億円）に達しましたが、赤字継続でした。ドキュサインの株価は上場来高値を更新して、時価総額が４３０億ドル（４・５兆円）に達しました。日本で同様の事業「クラウドサイン」を展開する弁護士ドットコムも上場来高値を更新しましたが、時価総額はドキュサインの約15分の１です。

日本ではエムスリー、メドレー、オプティムがオンライン診療の三雄として株価が大きく上昇しましたが、米国でもTeladoc Healthの株価が年初来約2倍に上昇しました。Teladoc Healthはまだ赤字ですが、２０２０年３Ｑの売上が前年同期比79％増の２・９億ドル（３００億円）となり、素晴らしい成長を達成したと述べました。同社はJ.D.Power2019から“direct-to-consumer telehealth provider”で１位の評価を受けて、世界１７５カ国で40超の言語でサービスを展開しています。

米国テクノロジー企業は初期段階から、英語やグローバル人材の強みを活かして、グローバル市場を念頭に置いた成長戦略を描く企業が多くなっています。国内市場で成長するＩＴ企業は日本にもたくさんあるものの、日本語の制約もあり、最初からグローバル市場を目指すＩＴ企業は少なくなっています。平井卓也デジタル担当相も、日本から世界市場を席捲するようなプラットフォーム企業が出てくる可能性を悲観的に見ています。マザーズのＩＴ企業に投資するのもいいですが、グローバルに成長しそうなナスダックの中小型ＩＴ企業へのほうが中長期的なリターンが高そうです。

●バイオでも米国株が優位

私はコロナ危機が起こるまで、ギリアド・サイエンシズやモデルナなどの米国大手バイオ企業を知りませんでした。

２０２０年6月にギリアド・サイエンシズは、抗ウイルス薬レムデシビルの中等度患者向けの国際共同Ｐ３（第3相）試験で、有効な結果が出たと発表しましたが、その後の開発は遅れています。1987年創業のギリアド・サイエンシズはアムジェンと並ぶ米国大手バイオ製薬会社であり、1992年にＩＰＯしました。世界に従業員が1・2万人、うち日本法人も３２０人の社員がいます。利益が出ていないバイオ企業が多いなかで、ギリアド・サイエンシズの2020年上期の売上は前年同期比3％減の105億ドル（約1兆円）、純利益は18億ドルの赤字でしたが、時価総額は760億ドル（約8兆円）と、武田薬品の約1・4倍に上っています。

一方、モデルナは11月16日に、コロナウイルスのワクチンが大規模な第3相臨床試験で95％の確率で効果を示したとの分析結果を発表し、株価が急騰しました。モデルナは2018年12月に1株23ドルでIPOし、2019年8月に上場来安値12ドル台まで下落しましたが、ワクチン開発成功のニュースで株価が10倍超に上昇しました。モデルナの2020年3Qの売上は1・6億ドルで、売上を上回る2・3億ドルの最終赤字でしたが、時価総額は500億ドル（約5・3兆円）もあります。モデルナはメッセージRNA（mRNA）に基づく創薬企業であり、mRNAを「生命のソフトウェア」と呼んでいます。

モデルナ同様に有効性の高いワクチン開発の成功を発表したファイザーは、モデルナほど株価が上がりませんでしたが、時価総額は2070億ドル（22兆円）あります。同じくワクチン開発が期待されているジョンソン&ジョンソンは日本で「バンドエイド」などの日用品でも有名ですが、時価総額が3800億ドル（40兆円）と巨大です。

日本はコロナ感染者数が少ないうえ、製薬会社の開発力が劣後しているので、ワクチンを海外からの輸入に依存せざるを得ません。日本政府はファイザーと1・2億回分、モデ

図表6-10：世界の製薬会社の医薬品売上ランキング

2019年順位	2018年順位	会社名	国名	2019年 医薬品売上（100万ドル）	2019年 医薬品売上（% YoY）	2019年 R&D（100万ドル）	2019年 全売上（100万ドル）	2018年 医薬品売上（100万ドル）
1	2	ロシュ	スイス	51,018	9.0	10,535	61,835	47,585
2	1	ファイザー	米国	49,652	**-0.8**	8,650	51,750	50,042
3	3	ノバルティス	スイス	48,677	5.6	9,402	48,677	46,099
4	4	ジョンソン＆ジョンソン	米国	42,198	3.6	8,834	82,059	40,734
5	5	メルク	ドイツ	41,751	10.8	9,872	46,840	37,689
6	6	サノフィ	フランス	36,876	6.2	6,741	37,631	36,631
7	7	アッヴィ	米国	33,266	1.6	6,407	33,266	32,753
8	8	グラクソ・スミスクライン	英国	32,004	6.8	5,192	43,104	31,334
9	18	武田薬品工業	日本	29,713	88.6	4,521	29,713	15,541
10	10	ブリストル・マイヤーズ	米国	26,145	15.9	6,148	26,145	22,561
11	12	アストラゼネカ	英国	24,384	10.4	6,059	24,384	22,090
12	9	アムジェン	米国	23,362	**-1.6**	4,116	23,362	23,747
13	11	ギリアド・サイエンシズ	米国	22,449	1.5	9,106	22,449	22,127
14	13	イーライリリー	米国	22,320	3.8	5,595	22,320	21,493
15	14	バイエル	ドイツ	20,107	7.3	3,081	48,744	19,777
16	15	ノボノルディスク	デンマーク	18,291	9.1	2,132	18,291	17,826
17	17	ベーリンガーインゲルハイム	ドイツ	16,508	10.9	3,405	21,265	15,699
18	16	テバ・ファーマシューティカル	イスラエル	15,375	**-9.1**	1,010	16,887	16,905
19	21	バイオジェン	米国	14,378	6.9	2,281	14,378	13,453
20	22	アラガン	アイルランド	14,254	3.4	1,812	16,089	13,781

注：2019年12月期時点、上位20社。このリストは推奨銘柄でない
出所：KEN Pharma Brain（Vol.5 No.24）よりみずほ証券エクイティ調査部作成

ルナと5000万回分の供給を受ける契約をしました。日本のアンジェスはワクチン開発が遅れており、時価総額は1600億円にすぎません。

◉米国ではIBMやオラクルもオールドエコノミー株の扱い

ジャック・ウェルチ元会長時代に日本の製造業の模範とされたGEは、2018年に外部招聘で就任したローレンス・カルプCEOの下で、資産売却などのリストラを進めている最中に、コロナ危機に直面しました。航空機関連事業などの落ち込みによって、2020年3Qの売上は前年同期比17％減の194億ドル（2兆円）、純利益は赤字でした。GEは財務体質の改善を優先しており、年初来117億ドル（1.2兆円）の負債を削減しました。GEは2019年の構造改革策は順調だが、新たな環境に対応しなければならないと述べました。

日本ではNECや富士通が依然としてハイテク企業と見られていますが、IBMは米国ではオールドエコノミー企業の扱いです。オールドエコノミー企業に陥りそうだったマイクロソフトが、クラウド事業の成長等で成長企業に戻ったのに対して、IBMの事業は伸び悩んでいます。とはいえ、日本の総合電機の時価総額が1兆〜3兆円であるのに対して、IBMの時価総額は1100億ドル（約12兆円）もあります。IBMの売上は2019年に

771億ドル（8兆円）と、NECや富士通の2倍以上あります。IBMは既存事業のリストラを進める一方、新事業を強化するために、2019年にオープンソースソフトウェアのRed Hatを340億ドル（3・6兆円）で買収しました。IBMは2020年10月にデータセンターの技術サポートなどアウトソーシングサービスを提供するITインフラサービス部門を2021年末までに別会社として分割し、上場させる計画を発表しました。これは従来事業からの多角化を図り、利益率の高いクラウド事業に注力するリストラの総決算と見なされました。米国のテクノロジー業界で、かつて偉大なIT企業だったIBMは注目されない企業になっていましたが、大胆な事業再編で久しぶりに脚光を浴びました。

オラクル創業者のラリー・エリソン氏（76歳）は20年前に、現在のイーロン・マスク氏のようなシリコンバレーの暴れん坊億万長者でした。ガートナーによると、オラクルのデータベース市場のシェアは2013年の44％から、2019年に28％に低下しました。オラクルの顧客はスイッチング・データベースにロックインされるので、売上400億ドル（約4・1兆円）に対して、純利益は100億ドル（約1兆円）と高い利益率を維持しています。しかし、クラウド売上はAWSの400億ドルに対して、オラクルは20億ドル以下しかありません。

◉テスラ vs. トヨタ自動車

米国を代表する自動車メーカーといえば、GMではなく、テスラになりました。テスラの時価総額が2020年7月にトヨタ自動車を抜いて2倍超に達しています。トヨタの豊田章男社長は「現在の株式市場の評価では完全に負けている。テスラは大きな企業価値を生んでいる。学べる点が多々ある」と述べました。

2019年の自動車販売台数はトヨタ自動車の約1000万台（グループ全体）に対して、テスラは37万台と29分の1に過ぎません。純利益もトヨタ自動車の約2兆円に対して、テスラは8億ドルの赤字でした。イーロン・マスクCEOは、大風呂敷を広げるのを得意にしていますが、世界販売台数を2021年に100万台、2030年に2000万台に増やす計画を明らかにしています。

テスラは中国での販売増加や温暖化ガスの排出枠売却が寄与し、2020年4〜6月期に1・04億ドルの利益をあげ、創業17年にして初めて4四半期連続の黒字を達成し、12月にS&P500に採用されました。

顧客満足度を調査するコンサルティング会社のJDパワーによると、テスラは品質調査で最下位だった一方、魅力では首位で、熱狂的ファンが多くいます。テスラは自動車株ではなく、テクノロジー株として評価されているという指摘がある一方、GAFAと違ってテスラはプラットフォーマーにはなりえないとの意見もあります。ＥＶ普及の鍵になるバッテリーの開発スピードや価格低減に対する見方が分かれています。

◉米国はピュア環境関連株も大きい

テスラはバイデン政権の環境重視の政策から恩恵を受けると見られて、株価が大きく上昇してきましたが、米国には他にも時価総額が大きい環境関連株があります。

フロリダを地盤とする電力会社のネクステラ・エナジー（英語社名はNextEra Energyであり、次世代エネルギーという意味です）は、世界最大級の風力・太陽光プロデューサーであり、Ｗｅｂで「これは我々の時代だ。これが米国のエネルギー時代だ」と謳っています。ネクステ

図表6-11：テスラ、GM、トヨタ自動車の時価総額の推移

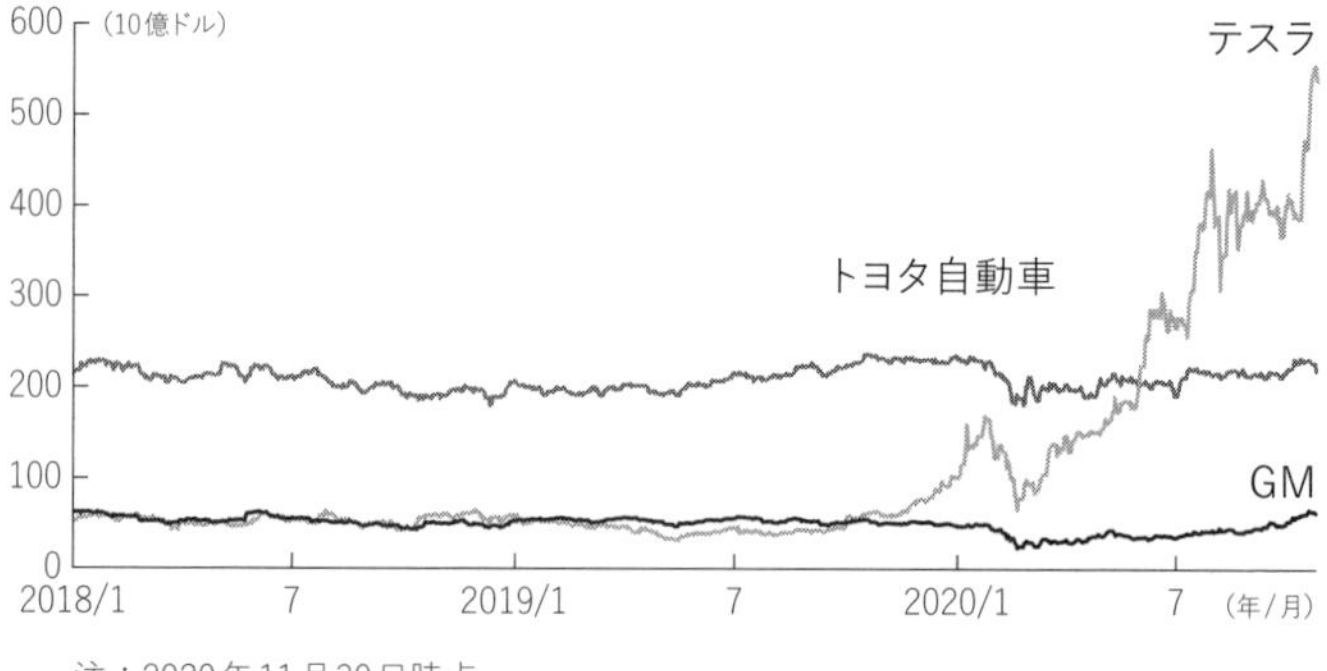

注：2020年11月30日時点
出所：ブルームバーグよりみずほ証券エクイティ調査部作成

ラ・エナジーは２０２３年にかけて年率６～８％のＥＰＳ成長と、少なくとも２０２２年にかけて年10％の配当増を行なう計画としています。日本の電力会社の株価は長期低迷していますが、ネクステラ・エナジーの株価は右肩上がりで、２０２０年11月に上場来高値を更新しました。時価総額は１４４０億ドル（約15兆円）と、オールド・エネルギー関連株の代表であるエクソンモービルの時価総額を上回りました。

ネクステラ・エナジーはニューヨーク証券取引所上場ですが、ナスダック上場のサンパワーは太陽光パネル・システムを製造しており、日本でも楽天などで太陽光パネルを販売しています。２０２０年８月に旧サンパワー・コーポレーションは、米国で下流事業を行なう新たなサンパワーと、グローバルに太陽光パネル・セルの製造販売を行なうマキシオンの２社にスピンオフしました。

プラグ・パワーはニューヨーク州に本社がある水素燃料電池システムの設計・製造を行なう会社で、株価が２０２０年３月中旬以降約10倍以上に上昇して、時価総額が１１０億ドル（約１・１兆円）に増えました。

燃料電池のバラード・パワー・システムズは本社がカナダですが、北米では企業の活動や株式運用も米国とカナダが一体として行なわれるのが一般的です。バラードは一時倒産のリスクにさらされましたが、２０２０年に株価が２倍以上に上昇して、時価総額が57億ドル（約6000億円）に回復しました。一方、日本株でピュアな再生可能エネルギー関連株というと、時価総額約2000億円のレノバや同1000億円のイーレックスなどの中小型株になってしまいます。

●アマゾンに対抗して成長するウォルマート

アマゾンの株価は過去5年で約6倍に上昇しましたが、ウォルマートの株価も約2倍に上昇しています。ウォルマートは、ネット企業を買収するなどして、アマゾンに対抗したEC拡大戦略が奏功しました。ウォルマートは2020年1月時点で米国に5355店舗、海外で6146店舗展開しています。このなかには子会社化した西友の333店舗も含まれていましたが、11月に西友の株式を楽天と投資ファンドのKKRに売却して、日本市場から撤退すると発表しました。

ウォルマートの2020年1月期の売上は前年比2％増の5240億ドル（約55兆円）、純利益は149億ドル（1・6兆円）でした。2021年度2Qの売上も前年同期比5・6％増と好調で、米国のEC売上は94％も伸びました。

ウォルマートは2020年9月から、「アマゾン・プライム」に対抗して、会員制の即日宅配サービス「ウォルマート＋」のサービスを開始しました。ウォルマートにはプライム・ビデオのようなエンターテインメント・サービスは付随していませんが、配送時間指定がアマゾンの2時間の半分の1時間単位という極め細かいサービスを行なっています。取扱商品数は数億品目というアマゾンにかないませんが、ウォルマートは生鮮に強みを持ち、約16万品目を配達します。

一方、日本を代表する小売業であるセブン&アイ・ホールディングスの2020年2月期の売上は6・6兆円、純利益は2182億円ですので、ウォルマートの売上のほうが8倍以上も大きくなっています。国内消費の低迷に加えて、低採算事業の抜本的な構造改革の遅れなどもあり、セブン&アイ・ホールディングスの株価は過去5年に3割以上下落しています。

図表6-12：ウォルマートとセブン&アイ・ホールディングスの株価

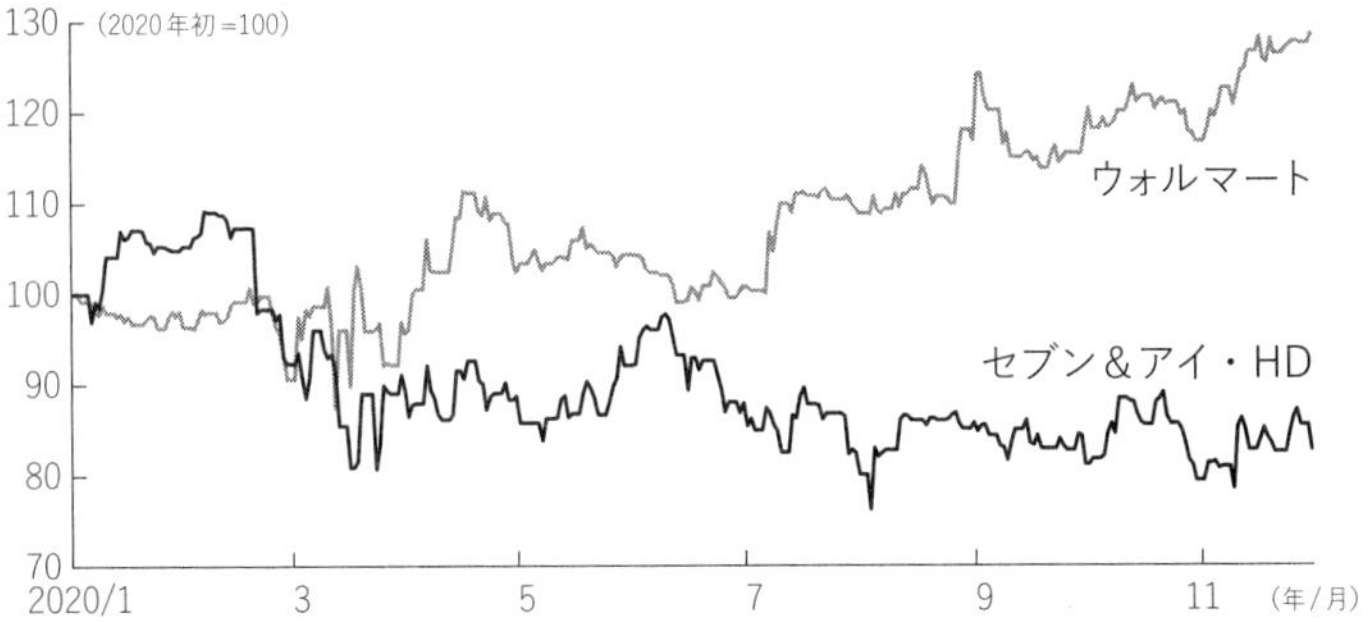

注：2020年11月30日時点
出所：ブルームバーグよりみずほ証券エクイティ調査部作成

◉世界最大のホームセンターのホームデポ

ウィズコロナの巣ごもり消費から恩恵を受けるホームセンターの株価は日米ともに上昇していますが、ホームデポの売上と時価総額はコメリのそれぞれ約35倍、200倍もあります。家が広い米国には、元々DIYが趣味という人がたくさんいます。ホームデポの2020年2Qの売上は前年同期比23％増の381億ドル（約4兆円）と絶好調でした。米国は住宅着工が好調で、8月のHome Builders' Confidence（住宅市場指数）は78と、1998年12月に並ぶ過去最高に上昇しました。

ホームデポのみならず、住宅インプルーブメント・リテーラーと呼ばれるロウズ（ティッカーはLOW）の株価も急騰しました。米国は①人口が年率0・5％で増えている、②超低金利が常態化している日本と異なり、米国は歴史上稀に見る低金利になったうえ、大規模な現金給付、株高の資産効果でアフォーダビリティ（住宅の購入余力）が改善、③米国経済の中長期的な先行きに明るさを感じる人も少なくないことが好調な住宅市場の背景でしょう。

家電量販店のベストバイの既存店売上は日本の電子部品の業績を占ううえでも注目されています。百貨店は世界的に構造不況業種であり、日本でも三越伊勢丹ホールディングスや髙島屋のみならず、米国でもノードストロームやメイシーズなどの株価も低迷しています。

◉日本マクドナルドやコカ・コーラの米国の親会社

日本で最も馴染みがある米国の消費財企業といえば、マクドナルドでしょう。マクドナルドの2019年売上は211億ドル（2・2兆円）もあり、うち54％が海外売上です。日本マクドナルドホールディングスの売上は2818億円と、マクドナルドの約8分の1です。日本マクドナルドホールディングスの筆頭株主はマクドナルド・レストランズ・オブ・カナダで、サラ・カサノバ社長はマクドナルドカナダ入社の後、世界各地のマクドナルドで勤務してきました。マクドナルドの時価総額は1620億ドル（17兆円）に対して、日本マクドナルドホールディングスの時価総額は6700億円です。日本マクドナルドホールディングスの店舗数は2909店ですが、マクドナルドは世界で約4万店舗を運営しています。

本家本元のコカ・コーラの時価総額は2220億ドル（約23兆円）と、コカ・コーラボトラーズジャパンホールディングスの3400億円の約70倍もあります。コカ・コーラはウォーレン・バフェット氏が長期保有しています。

マクドナルドやコカ・コーラと違って、日本に上場していませんが、ドミノピザもコロナ禍の恩恵を背景に株価が上昇して、時価総額が155億ドル（1・6兆円）に達しています。ドミノピザは1960年の創業で、90カ国以上で1・7万店を展開し、世界で1日に30

0万枚のピザを販売しています。2020年3Qのグローバル小売売上（通貨変動の影響を除く）は前年同期比15％増と好調でした。なお、ドミノピザの日本でのライバルであるピザーラはフォーシーズという日本の非上場企業が運営しているので、巣ごもり消費の恩恵を受けるといっても、株を買うことはできません。

●日本でも馴染みの米国消費財企業

日本で最も馴染みがある日用品企業はP＆G（Procter & Gamble）でしょう。P＆Gはよくテレビ CMを見る洗剤の「ボールド」、おむつのパンパース、私も使っている髭剃りのジレットやブラウンなどを販売しています。P＆Gは1837年創業で、64年連続で増配し、180以上の国で展開しています。P＆Gの2020年6月期の売上は710億ドル（7.5兆円）で、地域別売上は47％が北米、22％が欧州、10％がアジア太平洋、9％が中華圏です。営業利益は157億ドル（1.6兆円）、売上高営業利益率は22％でした。

これに対してP＆Gをライバルとする花王の売上は1.5兆円とP＆Gの5分の1で、営業利益は2117億円、営業利益率は14％でした。花王は国内売上比率が63％で、アジアが20％、北米が9％なので、P＆Gよりグローバル化も遅れています。創業1940年の花王もP＆Gに対抗して、30年連続で増配しています。

日本でトマトケチャップ1位はカゴメですが、世界的にはハインツがシェア3割を持つ世界一で、カゴメのシェアは4％程度に留まります。ハインツは日本でもクリームチーズやパルメザンチーズで有名なクラフトと2015年に合併して、クラフト・ハインツとなりました。米国家庭のアマゾン・プライムの加入率が82％であるのに対して、クラフト・ハインツの家庭浸透率は97％だと謳っています。すなわち、クラフト・ハインツの商品がない米国の家庭はほとんどないということになります。クラフト・ハインツの2019年の純売上は250億ドル（2・6兆円）で、純利益は19億ドル（約2000億円）でした。クラフト・ハインツの時価総額は400億ドル（約4兆円）です。

●フードテックでも米国がリード

米国では低所得層がカロリーなど気にせずに、ハンバーガーやポテトチップスなどを食べる一方、健康意識が高く食事の内容に気を付ける富裕層も多くいます。宗教的な理由に基づくビーガン（菜食主義者）だけでなく、地球環境に配慮して肉を食べない人もいます。家畜は世界のCO_2排出量の14％を出しており、JPモルガンは、植物肉市場が今後15年間で1000億ドルに増えると予想しています。満尾正著『食べる投資～ハーバードが教える世界最高の食事術』は日本でもベストセラーになりました。

代替肉のビヨンド・ミートは2019年5月にナスダックにIPOし、株価が急騰しました。ビヨンド・ミートのIPOは2019年で最も成功したIPOといわれ、時価総額も88億ドル（約9000億円）に達しましたが、その後株価は伸び悩んでいます。ビヨンド・ミートは植物ベースのバーガーやソーセージなどを製造しており、いかに本当の肉に近い食物肉をつくれるかが技術的な差別化につながります。ビヨンド・ミートの2020年2Qの純売上は前年同期比69％増の1・1億ドルと急増しましたが、純利益は1020万ドルの赤字でした。

ビヨンド・ミートの競争相手であるインポッシブル・フードもベンチャーキャピタルから積極的に資金調達していますが、現時点では未上場です。インポッシブル・フードの創業者はスタンフォード大学の医学部教授で、生化学者です。インポッシブル・フードは肉の要素を栄養、フレーバー、見た目と調理体験、食べ心地の4つに分け、これらを肉とすべて同じかそれ以上にできないかと研究開発しています。ビヨンド・ミートには三井物産も出資し、インポッシブル・フードにはマイクロソフト創業者のビル・ゲイツ氏が出資しています。広義の「フードテック」の市場規模は2025年に700兆円に達すると報じられています。

◉米国でも伝統的な金融株はアンダーパフォーム

日本企業と違って、米国の事業会社は余剰資金を持たないので、コロナ危機で資金不足に陥り、資金調達が急増したので、それを引き受けて証券化商品を販売する米国大手金融機関の4～9月の決算は好決算が目立ちました。しかし、新興フィンテックの企業の株価と違って、伝統的な金融機関の株式は上がりませんでした。日本の大手銀行のように、予想PERは1桁、PBRは1倍割れが多くなっています。

たとえば、モルガン・スタンレーの2020年3Qの決算は純収入が前年同期比16％増、純利益は25％増と好調で、ROEは13％でした。モルガン・スタンレーは2020年10月に大手資産運用会社のイートン・バンスを80億ドルで買収する理由として、安定収入比率を高めて、株価バリュエーションを上げることを挙げました。モルガン・スタンレーの税前利益に占めるウェルス＆インベストメント・マネジメントの比率は2010年の26％から2019年に51％（経営統合後だと58％）に高まりました。モルガン・スタンレーは機関投資家向け証券事業、ウェルス・マネジメント、インベストメント・マネジメントの3事業がワールドクラスの規模になると述べました。モルガン・スタンレー・インベストメント・マネジメント（MSIM）の運用資産は1・2兆ドル（126兆円）に達しますが、このなかには日本で売れている「グローバル・ハイクオリティ成長株式ファンド」も入ります。

ゴールドマン・サックスの2020年3Q決算も純収入が前年同期比30％増、純利益が93％増と好調で、年率ROEは17・5％に達しました。セグメント別の純収入で最も比率が高いのがアセットマネジメントの26％で、債券23％、株式19％、投資銀行業務18％、コンシューマー&ウェルス・マネジメント14％と続きます。アセットマネジメントの運用資産は1・5兆ドル（160兆円）でした。

JPモルガン・チェースの2020年3Qの純利益は前年同期比4％増の94億ドル（約1兆円）で、ROEは15％でした。JPモルガン・チェースは日本のメガバンクの1年間の純利益を上回る利益を1四半期で出すことを意味します。この結果、JPモルガン・チェースの時価総額は3600億ドル（約38兆円）と、三菱UFJフィナンシャルグループの時価総額の6倍以上に上ります。米国の大手金融機関はどこも資産運用業務を強化していますが、JPモルガン・チェースの運用資産も2・6兆ドル（270兆円）に達します。

●米国のフィンテック企業は時価総額も巨大

米国では伝統的金融機関の業績が堅調でも株価が上がらず、PayPalやVISAなどのフィンテック関連企業の株価が上昇しているのは、金融市場の構造変化を織り込んでいるのでしょう。テクノロジー株ファンドやフィンテック株ファンドは金融でも上位銘柄に、

PayPal、VISA、マスターカード、スクエアなどを組み入れています。日本人が使うクレジットカードはJCBよりVISAかマスターカードが多いでしょうが、両社の時価総額はそれぞれ4630億ドル（49兆円）、3350億ドル（35兆円）もあります。

PayPalは過去20年以上にわたってデジタル・ペイメント革命の前線にいました。コロナ禍下でのオンライン決済増加の恩恵を受けて、PayPalの2020年3Qのアクティブ口座数は前年同期比22％増の3・6億口座となり、売上は同25％増の55億ドル（約5800億円）、ノンGAAP EPSは同41％増となりました。PayPalの株価は年初来約2倍に上昇して、時価総額は2500億ドル（26兆円）に達しました。

図表6-13：2020年のPayPal、スクエア、JPモルガン・チェース、モルガン・スタンレーの株価

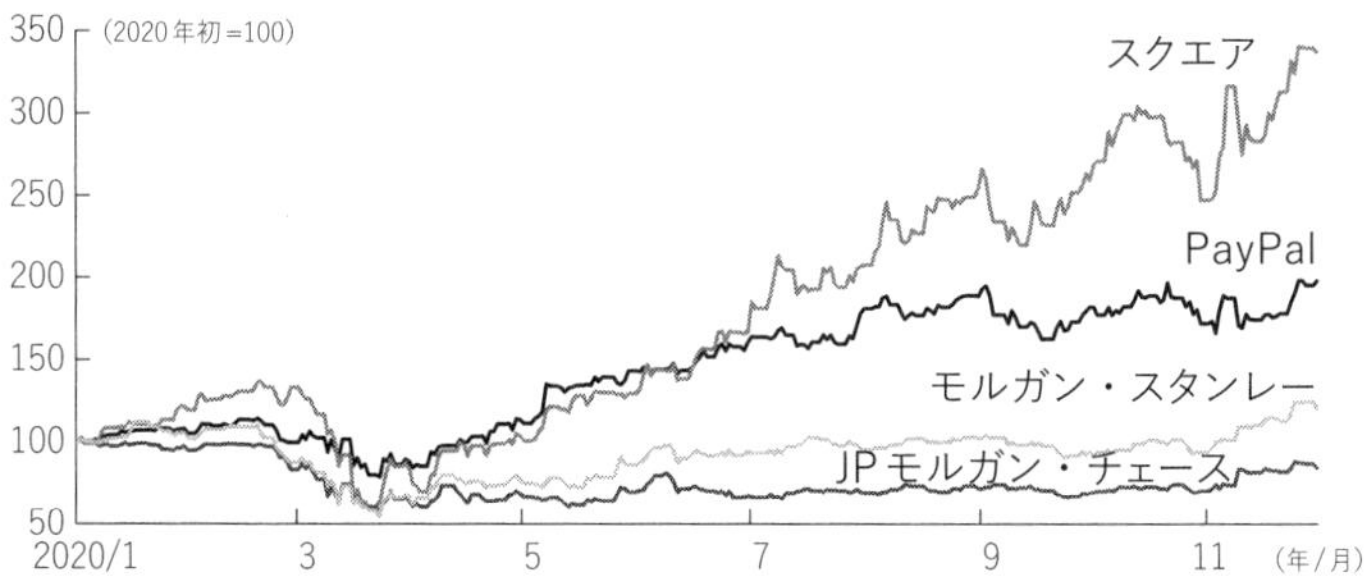

注：2020年11月30日時点
出所：ブルームバーグよりみずほ証券エクイティ調査部作成

スクエアはツイッターのジャック・ドーシーCEOが創業したモバイル決済サービス会社ですが、2019年の売上は43％増となり、黒字化も達成し、時価総額は950億ドル（約10兆円）と、三井住友フィナンシャルグループの2倍以上に達しています。日本ではマネーフォワードやfreeeなどのフィンテック企業が注目されていますが、時価総額はまだ2000億〜5000億円に留まるので、米国のフィンテック企業の規模は桁違いといえます。

不動産情報サイトを運営し、オンライン住宅ローンも提供するジロー・グループなどもフィンテック分野の成長企業です。一方、ナビエントやSLMなど学生ローンを提供する会社は、バイデン政権下の規制強化から悪影響を受けると見られています。

◉東洋経済『米国会社四季報』に見る有望銘柄

日本のコンビニでも〝MONSTER ENERGY〟なるエナジードリンクを売っていますが、これは米国のモンスター・ビバレッジ・コーポレーションの商品です。同社はS&P500やナスダック100指数にも採用されています。2019年の売上は前年比10％増の42億ドルで、営業利益率が34％と日本の飲料メーカーの利益率を大きく上回っています。時価総額は450億ドル（4・7兆円）と、日本で〝MONSTER ENERGY〟の販売代理店になっているアサヒグループホールディングスの時価総額約2兆円の2倍以上になっています。

マコーミック&カンパニーは世界最大級の調味料メーカーで、スパイス、ハーブ、調味料ソースなどを製造しており、コロナ禍で家庭内調理の増加から恩恵を受けています。2020年3Qの売上は前年同期比8%増の5・2億ドルとなり、時価総額は250億ドル（2・6兆円）と、味の素の時価総額の約2倍になっています。

日本でもメルカリやバイセルテクノロジーなどの中古品販売業者が成長していますが、サンフランシスコに本拠があるナスダック上場の"RealReal"は、オンラインで高級ブランドの中古品を売買するサイトを運営しています。2019年の売上は前年比ほぼ倍増の3・2億ドルに増え、時価総額は12億ドルです。

ソフトウェアでは、日本ではPDFを手掛けるアドビが有名ですが、会計ソフト最大手はインテュイットです。2020年7月期の売上は前年比13%増の77億ドルで、時価総額は920億ドル（9・7兆円）に達しています。ちなみに、インテルのティッカーINTCに対して、インテュイットのティッカーはINTUで1文字違いです。

"Synopsys"という社名は意味や解説と訳されますが、ナスダック上場の半導体の設計や検証段階に使用するEDA（電子設計自動化）ソフトの最大手です。株価は2020年11月に史上最高値を更新し、時価総額は345億ドル（約3・6兆円）に達しています。

オートデスクはＣＡＤ（自動図面設計）ソフト大手で、２０２０年1月期の売上は前年比27％増の33億ドルで、時価総額は６１０億ドル（6・2兆円）に上ります。日本企業では時価総額は富士通でも3兆円弱、ＮＴＴデータでも2兆円弱ですから、日本における知名度が高くない米国ソフト関連企業のほうが大きくなっています。日本でも社名が知られるアドビに至っては時価総額が２３００億ドル（24兆円）に至っています。

個別銘柄への投資に際しては、『米国会社四季報』（東洋経済新報社）で会社の概要を知った後、会社のＷｅｂで経営戦略や業績動向などを調べ、「yahoo! finance」などで株価チャートやバリュエーションをチェックしてから投資すべきでしょう。

菊地正俊（きくち　まさとし）
みずほ証券エクイティ調査部チーフ株式ストラテジスト。1986年東京大学農学部卒業後、大和証券入社、大和総研、2000年にメリルリンチ日本証券を経て、2012年より現職。1991年米国コーネル大学よりMBA。日本証券アナリスト協会検定会員、CFA協会認定証券アナリスト。日経ヴェリタス・ストラテジストランキング2017〜2020年1位。
著書に『アクティビストの衝撃』（中央経済社）、『相場を大きく動かす「株価指数」の読み方・儲け方』『日本株を動かす外国人投資家の儲け方と発想法』（日本実業出版社）、『良い株主　悪い株主』『外国人投資家が日本株を買う条件』『株式投資　低成長時代のニューノーマル』（日本経済新聞出版社）、『なぜ、いま日本株長期投資なのか』（きんざい）、『日本企業を強くするM&A戦略』『外国人投資家の視点』（PHP研究所）、『お金の流れはここまで変わった！』『外国人投資家』（洋泉社）、『外国人投資家が買う会社・売る会社』『TOB・会社分割によるM&A戦略』『企業価値評価革命』（東洋経済新報社）、訳書に『資本主義のコスト』（洋泉社）、『資本コストを活かす経営』（東洋経済新報社）がある。

No.1ストラテジストが教《おし》える
米国株投資《べいこくかぶとうし》の儲《もう》け方《かた》と発想法《はっそうほう》

2021年２月１日　初版発行
2021年３月10日　第３刷発行

著　者　菊地正俊
発行者　杉本淳一

発行所　株式会社日本実業出版社　東京都新宿区市谷本村町３−29 〒162-0845
大阪市北区西天満６−８−１ 〒530-0047
編集部　☎03-3268-5651
営業部　☎03-3268-5161　振　替　00170−1−25349
https://www.njg.co.jp/

印刷／理想社　　製本／若林製本

ISBN 978-4-534-05829-4　Printed in JAPAN